AF282094

Desarrollo TIC para la fidelización y acción comercial. Gamificación. ADGG017PO

Judith Abeleira Carrasco

ic editorial

Desarrollo TIC para la fidelización y acción comercial. Gamificación. ADGG017PO
© Judith Abeleira Carrasco

1ª Edición

© IC Editorial, 2026

Editado por: IC Editorial
c/ Cueva de Viera, 2, Local 3
Centro Negocios CADI
29200 Antequera (Málaga)
Teléfono: 952 70 60 04
Fax: 952 84 55 03
Correo electrónico: iceditorial@iceditorial.com
Internet: www.iceditorial.com

ISBN: 979-13-7027-175-6
Depósito Legal: MA 464-2026

Impresión: PODiPrint
Impreso en Andalucía – España

Nota de la editorial: IC Editorial pertenece a Innovación y Cualificación S. L.

Especialidad formativa

Se entiende por especialidad formativa la agrupación de contenidos, competencias profesionales y especificaciones técnicas que responde a un conjunto de actividades de trabajo enmarcadas en una fase del proceso de producción y con funciones afines.

Las especialidades formativas de Uso General, Formación Complementaria, Formación Modular y las especialidades formativas dirigidas a la obtención de certificados de profesionalidad se incluyen en el Fichero de Especialidades del Servicio Público de Empleo Estatal para su gestión en todo el territorio nacional por cualquier Administración competente.

Las especialidades complementarias, pertenecen todas a la Familia profesional de Formación Complementaria (FCO) y tienen la consideración de formación transversal en áreas que se consideran prioritarias tanto en el marco de la Estrategia Europea para el Empleo y del Sistema Nacional de Empleo como en las directrices establecidas por la Unión Europea. Se consideran áreas prioritarias las relativas a tecnologías de la información y la comunicación, la prevención de riesgos laborales, la sensibilización en medio ambiente, la promoción de la igualdad, la orientación profesional y aquellas otras que se establezcan por la Administración competente.

Las especialidades de Certificado de profesionalidad tienen una duración especificada en su normativa reguladora.

En el resultado de la búsqueda, se muestran las unidades de competencia, todos los módulos formativos con su duración y las unidades formativas del certificado correspondiente, con su duración. Las horas del certificado, exclusivo de las especialidades de certificado de profesionalidad, con alta igual o superior a 2008, son las horas totales más las horas del módulo de Prácticas Profesionales no Laborales.

- **Si la especialidad tiene unidades formativas,** las horas totales, presencial, distancia, teleformación serán igual a la suma de esas horas de las unidades formativas de los distintos módulos, sin que se repita ninguna Unidad formativa.

- **Si la especialidad no tiene unidades formativas,** las horas totales, presencial, distancia, teleformación serán igual a las sumas de esas horas de los módulos formativos, eliminando las horas de los módulos repetidos.

https://sede.sepe.gob.es/especialidadesformativas/RXBuscadorEFRED/BusquedaEspecialidades.do

(Fuente: Servicio Público de Empleo Estatal)

Índice

OBJETIVOS GENERALES

Los objetivos general del **ADGG017PO. Desarrollo TIC para la fidelización y acción comercial. Gamificación,** son:

- ⮱ Comprender las características y peculiaridades del cliente 2.0 más exigente y, a través de dicha comprensión, elaborar la estrategia de comunicación en función de las nuevas tecnologías.
- ⮱ Analizar cómo son los nuevos modelos comerciales en la era actual con el fin de afrontar las nuevas tendencias futuras.
- ⮱ Conocer desde una perspectiva global e integral el ámbito del CRM o la gestión de la relación con el cliente.
- ⮱ Introducir el concepto de *business intelligence* en el mercado empresarial, como disciplina para la toma de decisiones.
- ⮱ Comprender la importancia de la ubicuidad tecnológica, a través de la movilidad digital y la gamificación móvil en el entorno comercial, analizando sus beneficios, riesgos y posibilidades de aplicación práctica para mejorar la productividad del empleado, la fidelidad del cliente, la motivación y la mejora de la calidad de vida.
- ⮱ Analizar la importancia del soporte y el mantenimiento en los entornos TIC como sistemas de ayuda de fidelización y acción comercial, CRM, *business intelligence* y plataformas gamificadas.
- ⮱ Comprender la importancia de la aplicación de la escucha activa en las redes sociales y entornos digitales.

Modelos comerciales para la nueva era

Contenido

Objetivos

El objetivo general de esta Unidad de Aprendizaje es:

→ Analizar cómo son los nuevos modelos comerciales en la era actual con el fin de afrontar las nuevas tendencias futuras.

Los objetivos específicos de esta Unidad de Aprendizaje son:

→ Conocer la situación del mercado actual.

→ Identificar las características de la competencia en el mercado, como empresas que ofrecen iguales o similares productos o servicios que los nuestros.

→ Diferenciar las necesidades de los clientes con la finalidad de segmentar la demanda en distintos nichos de mercado o *targets.*

→ Saber en qué consiste la propuesta de valor como atributo diferenciador de nuestro producto o servicio con respecto al de la competencia.

→ Reconocer los cambios que están transformando la sociedad y el mercado a nivel tecnológico y cómo emplear la creatividad para el desarrollo de dicha transformación.

→ Identificar distintas estrategias de canal que se pueden aplicar gracias a las nuevas tecnologías.

1. Introducción

La actividad comercial ha evolucionado desde sus orígenes hasta nuestros días. Comenzó con el trueque o intercambio de productos y servicios y continuó con el intercambio de productos y servicios por un precio valorado en dinero o unidades monetarias. Aunque esta descripción de evolución es muy simplista, el comercio tradicional, presencial o físico ha sufrido en los últimos años una revolución digital. El uso de internet, las redes sociales, las nubes digitales, los diversos dispositivos tecnológicos, etc. han favorecido el *e-commerce* o comercio electrónico o digital.

Las TIC, o tecnologías de la información y la comunicación, han transformado la manera de vender, así como de fidelizar a la clientela. El uso de páginas web, donde se expone el catálogo de productos, ayuda a la realización de la compra. El correo electrónico, las aplicaciones conversacionales o chats y los perfiles empresariales en las redes sociales favorecen la comunicación y la interacción con el consumidor o cliente. Toda esta actividad se puede hacer desde distintos dispositivos tecnológicos: teléfono móvil, tableta, ordenador de sobremesa, etc.

Precisamente por este aumento del uso de la tecnología es importante establecer estrategias digitales y aplicar la gamificación en los modelos actuales de comercio.

Para ello, nos vamos a centrar en el caso de la Papelería Digital, una empresa que se dedica a la venta de productos de papelería y material escolar en un local de 1.000 m², situado en el centro de una ciudad de unos 100.000 habitantes. Además, vende productos a través de su página web, tanto a particulares como a empresas.

2. Mercado

 HILO CONDUCTOR

Carlos, el gerente de Papelería Digital, acaba de abrir la empresa con una perspectiva moderna. Él ha trabajado en una papelería tradicional hasta hace 8 meses, cuando decidió abrir su propio negocio. En su trabajo anterior, era simplemente un empleado y su jefe se lo daba todo hecho. Ahora, sin embargo,

Continúa en página siguiente >>

<< Viene de página anterior

tiene que sacarse las castañas del fuego. Para ello, debe conocer la situación del mercado desde una perspectiva tecnológica, ya que es el enfoque que quiere darle a su nuevo negocio.

El comercio tradicional, entendido como el comercio presencial con atención directa al cliente, que se desarrolla en una tienda física, ha sufrido grandes cambios recientemente gracias al surgimiento de las TIC o tecnologías de la información y la comunicación.

Las TIC han permitido que el comercio tradicional se haya convertido en el comercio digital globalizado y tecnológico, con nuevos formatos de negocio, incorporando la gamificación como estrategia para mejorar la interacción de los clientes y, en consecuencia, la fidelidad.

Las **características del modelo tradicional** son las siguientes:

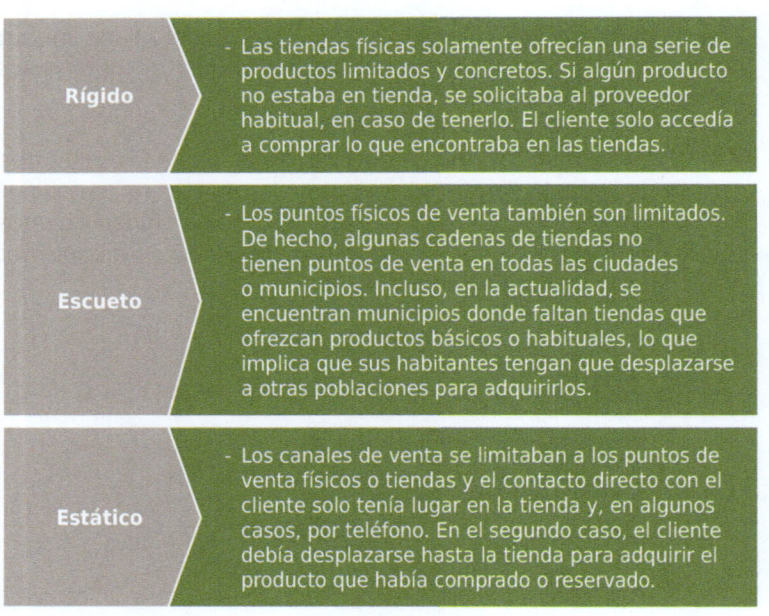

Rígido
- Las tiendas físicas solamente ofrecían una serie de productos limitados y concretos. Si algún producto no estaba en tienda, se solicitaba al proveedor habitual, en caso de tenerlo. El cliente solo accedía a comprar lo que encontraba en las tiendas.

Escueto
- Los puntos físicos de venta también son limitados. De hecho, algunas cadenas de tiendas no tienen puntos de venta en todas las ciudades o municipios. Incluso, en la actualidad, se encuentran municipios donde faltan tiendas que ofrezcan productos básicos o habituales, lo que implica que sus habitantes tengan que desplazarse a otras poblaciones para adquirirlos.

Estático
- Los canales de venta se limitaban a los puntos de venta físicos o tiendas y el contacto directo con el cliente solo tenía lugar en la tienda y, en algunos casos, por teléfono. En el segundo caso, el cliente debía desplazarse hasta la tienda para adquirir el producto que había comprado o reservado.

En cambio, las **características del modelo digital** son:

- **Mayor flexibilidad.** Internet facilita el hecho de que una empresa pueda encontrar a diversos proveedores en el mercado. Gracias a técnicas de comercio electrónico, como el dropshipping, no es necesario que la empresa compradora (a solicitud del cliente) disponga de almacén o inventario. De este modo, el proveedor envía el producto al cliente final o consumidor, sin que pase físicamente por las instalaciones de la empresa con la que el cliente ha realizado la transacción de compraventa.
- **Mayor accesibilidad.** La tecnología facilita el acceso al mercado a toda aquella persona que disponga de un dispositivo electrónico con una conexión a internet. Esto significa que la persona puede acceder desde un teléfono móvil, un ordenador portátil o de sobremesa, una tableta, etc. La ventaja que ofrece internet de estar disponible su acceso 24/7, es decir, las 24 horas del día los 7 días de la semana, permite que los clientes internautas puedan acceder en cualquier momento del día sin importar la hora que sea en cada país y sin limitación temporal. Esto último también va ligado a otra ventaja que ofrece internet, que es la accesibilidad casi desde cualquier punto del planeta, sin limitación geográfica.
- **Mayor personalización.** Gracias a los algoritmos, los servidores van memorizando y recordando las búsquedas y visitas que realizan los clientes internautas. Esto permite poder ofrecer, mediante banners y publicidad, productos y servicios que se basan en lo que el cliente suele buscar, consultar y adquirir en internet. Las propias páginas web de los comercios *online* ofrecen a los clientes sugerencias en base a productos que han comprado anteriormente o que han depositado en el carro, la cesta virtual o la lista de deseos.

La revolución TIC ha facilitado **nuevos formatos comerciales.** Algunos de ellos son:

- **Plataformas de *software* como servicio (SaaS).** De sus siglas en inglés (*software as a service),* un SaaS es un *software* donde las aplicaciones se ofrecen a través de internet. El internauta paga una suscripción mediante la que tiene acceso a dicho *software.* Es una especie de nube a la que acceder. El cliente no debe descargarse ningún programa o aplicación. Por ejemplo, *Gmail* es un servidor de correo electrónico al que el usuario puede acceder desde cualquier dispositivo, con sus claves, y no necesita instalar nada en el dispositivo desde el que accede.
- ***Marketplaces.*** El *marketplace* es un mercado en línea. Es una plataforma que conecta a los compradores que necesitan adquirir un producto o servicio con los vendedores que proveen dichos productos o servicios. Algunos ejemplos muy conocidos son *Amazon, AliExpress, Temu, Shein, Airbnb,* el *marketplace* de *Facebook,* la tienda de *TikTok,* etc.

- **Aplicaciones móviles.** Una aplicación móvil es un *software* diseñado para ejecutarse en un teléfono móvil o en una tableta. En la mayoría de ocasiones son muy similares a las páginas web del mismo proveedor, solo que permiten su visualización en este tipo de pantallas más pequeñas y las herramientas o prestaciones están colocadas de manera que se puedan visualizar y gestionar desde estos dispositivos.
- **Comercio electrónico.** Es el comercio que se realiza por internet. En la mayoría de los casos es necesario que la empresa vendedora ofrezca una página o sitio web donde los compradores puedan adquirir los productos o servicios. En otras ocasiones, el hecho de que un cliente solicite a una tienda física un producto por correo electrónico, lo pague por transferencia bancaria y se lo envíen a su casa se puede entender como comercio electrónico también. En este caso, el cliente debería conocer o ser informado previamente de los productos existentes.

Estos nuevos formatos comerciales adquieren relevancia gracias a **dos sistemas:**

El sistema de suscripción	El sistema de gamificación
- El cliente paga una cuota por adquirir servicios o ventajas frente al internauta que no está suscrito. Algunas aplicaciones de presentaciones, como Canva o Genially, ofrecen versiones gratuitas con unas prestaciones o servicios limitados, y unas versiones de pago en las que se pueden elegir más plantillas, permiten la descarga de las presentaciones, etc. Estas versiones de pago suelen ser denominadas como *Pro, Premium, Superior, Excelente* o *Máster,* entre otros conceptos.	- La gamificación es la aplicación e integración de un conjunto de dinámicas y mecánicas de juego, en ámbitos no lúdicos, que motivan y comprometen a los usuarios. Las empresas aprovechan la gamificación para ofrecer sistemas de niveles y recompensas, retos y competencias. De este modo, cuanto más compra o más interactúa el cliente, más opciones tiene de obtener una serie de beneficios o ventajas, como regalos, descuentos, puntos canjeables, etc. Se utiliza, principalmente, para fidelizar al cliente, ya que la gamificación aporta una experiencia significativa y positiva al cliente durante el proceso de compraventa.

Al mismo tiempo, surgen otras **tecnologías emergentes** que potencian los nuevos modelos comerciales, como son:

➲ **El *big data*.** Permite analizar grandes volúmenes de datos para comprender los comportamientos del consumidor. Es por ello que, cuando el comprador adquiere un producto, el sistema (ordenador, internet, plataforma, etc.) le sugiere otros productos parecidos a lo que ya ha comprado o cargado en su cesta o carro de la compra virtual. También, cuando un internauta realiza una búsqueda de un producto, le "salta" publicidad o anuncios de ese tipo de producto que ha buscado previamente.

➲ **La inteligencia artificial (IA), *artificial intelligence* (AI) en inglés.** Gracias a ella se puede ofrecer al cliente una experiencia de compraventa mucho más personalizada, ya que los resultados se ajustan a su perfil digital —no solo por búsquedas realizadas en la web del proveedor o de la empresa vendedora; también se tienen en cuenta otras búsquedas habituales en internet, no solo en una web concreta—. La IA permite robotizar mensajes y acciones repetitivas en el proceso de información y compraventa.

➲ **El internet de las cosas, o *internet of things* (IoT).** Permite mejorar los productos para que la experiencia del cliente con dicho producto sea excelente. Desde neveras inteligentes que diseñan menús saludables, indican recetas para cocinar con los ingredientes que se encuentran en el frigorífico o elaboran la lista de la compra de productos faltantes, hasta dispositivos más sofisticados como *Alexa,* al que se le puede solicitar que ponga canciones, alarmas despertador, o que cuente un chiste o una historia. Los productos inteligentes facilitan la vida del ser humano por aportar comodidad, rapidez y exactitud.

➲ **El *blockchain*.** Es muy útil para aportar seguridad y transparencia en las transacciones económicas. Es muy importante que, además de ofrecer buenos productos y servicios, las empresas vendedoras ofrezcan medios y métodos de pago fiables y seguros para que el dinero "no se pierda en el camino", es decir, en el intervalo de tiempo desde que el cliente paga hasta que el comprador recibe el dinero. Al tratarse de una transacción económica y virtual, en la que no se maneja dinero físico, al contado o en metálico, existe la probabilidad de que algún elemento de la transacción sea *hackeado,* por ejemplo, el número de tarjeta de crédito, cuenta bancaria, importe, titular, etc. La tecnología *blockchain* es vital en las entidades bancarias, de crédito o de productos financieros, ya que se dedican a ofrecer servicios relacionados con el dinero y los clientes necesitan extrema seguridad en sus transacciones u otros servicios como transferencias, consultas de saldo, el simple acceso a la cuenta, etc.

⊃ **La realidad aumentada, realidad virtual o *virtual reality* (VR).** Ofrece experiencias inmersivas que aumentan la buena presentación y el funcionamiento o uso del producto. Se utiliza mucho en el sector turístico, donde se muestran parte de los museos u otros recursos turísticos para incentivar el deseo de visitarlo en persona.

 PARA SABER MÁS

En la siguiente web puedes acceder a un tour virtual de la Alhambra a través de un mapa en 3D. Clicando en cada uno de los espacios, el usuario puede realizar una visita virtual de cada uno de ellos.

Accede desde aquí:

https://redirectoronline.com/adgg017po0102

Todas estas tecnologías emergentes, junto con la gamificación, posibilitan unas experiencias de compraventa mucho más interactivas, dinámicas, personalizadas y cambiantes, es decir, más adaptables a los cambios y avances en el mercado.

 APLICACIÓN PRÁCTICA

Carlos, el gerente de Papelería Digital, ha escuchado hablar de las tecnologías emergentes. En concreto, ha escuchado hablar de una con la que se pueden analizar grandes volúmenes de datos. Ayuda a Carlos a averiguar cuál es esa tecnología de las siguientes:

Continúa en página siguiente >>

<< Viene de página anterior

- El *big data*
- El internet de las cosas
- El *blockchain*
- La realidad virtual

Solución

El *big data* consiste en el análisis de grandes volúmenes de datos con el fin de entender el comportamiento del comprador y así poder ofrecerle productos y servicios acordes a sus gustos y necesidades. Sin embargo, el internet de las cosas es un conjunto de *software* que llevan algunos productos para su funcionamiento. El *blockchain*, por su parte, sirve para garantizar la seguridad y transparencia de datos, y la realidad virtual permite visitar un espacio en 3D para apreciar los detalles del producto.

Haciendo un **análisis del mercado** actual, donde estudiamos los nuevos formatos comerciales influenciados por sistemas de suscripción y gamificación, y la aplicación de las tecnologías emergentes, se pueden alcanzar las siguientes **conclusiones:**

- ⮩ **Digitalización del mercado.** Existe una gran digitalización del mercado que permite el acceso global desde cualquier punto del mundo, al mismo tiempo que se eliminan barreras fronterizas (esto depende de las políticas aduaneras y arancelarias de los países) y barreras arquitectónicas.
  Por ejemplo, una persona con movilidad reducida, que depende de una silla de ruedas para sus desplazamientos, puede encontrar barreras arquitectónicas en la ciudad para ir a una tienda física, mientras que comprando por internet no se encuentra con este tipo de dificultades.
  Esta digitalización amplía la competencia y las oportunidades, pero, a su vez, exige mayor especialización y mayor rapidez de respuesta. En la actualidad, el público está acostumbrado a la inmediatez y a una respuesta casi en tiempo real, por lo que estos tiempos de respuesta deben reducirse el máximo posible.
- ⮩ **Análisis de mercado mediante herramientas TIC.** Las tecnologías de la información y comunicación permiten analizar el mercado en tiempo real. Algunas herramientas, como *Google Trends,* permiten conocer las tendencias de búsqueda y los comportamientos de los internautas. Esto permite identificar a los segmentos o nichos de mercado. Por otra parte, los *software* de gestión de diferentes programas informáticos ofrecen

sistemas CRM (*customer relationship management*) o de gestión de la relación con el cliente. Los sistemas CRM permiten filtrar, desde la base de datos de clientes, por diferentes criterios: clientes que han comprado equis veces para conocer su fidelidad, clientes cuyas compras superan o no llegan a un importe concreto de euros para saber su nivel adquisitivo, clientes que han comprado un determinado tipo de producto para conocer sus gustos o necesidades, clientes que han comprado en un intervalo de fechas para determinar la repercusión de las campañas comerciales, etc. Este análisis de mercado facilita la toma de decisiones relativas a las estrategias comerciales y a la gestión integral de la empresa.

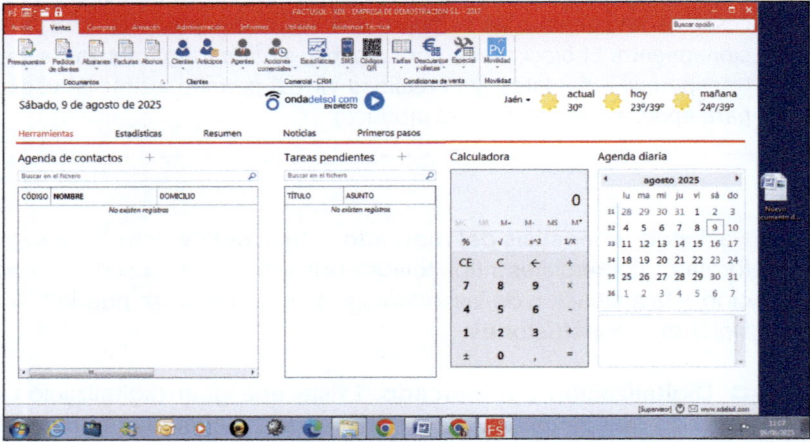

- **Microsegmentación a través del análisis de datos.** Como hemos mencionado en el punto anterior, gracias al análisis de datos y del mercado con el *big data* o sistemas CRM, se puede segmentar la demanda hasta encontrar nichos o microsegmentos de mercado que puedan resultar interesantes para determinarlos como público objetivo o *target*. La microsegmentación ofrece la ventaja de determinar diferentes grupos de clientes y personalizar las ofertas o campañas dirigidas a segmentos específicos o comunidades concretas. Esto hace que aumente la eficacia comercial, así como la satisfacción del cliente, al ser dichas acciones comerciales más acertadas.

- **Nuevas plataformas de captación.** Las redes sociales como *Facebook, Instagram, TikTok, YouTube* o *Threads* actúan como canales o plataformas de captación y fidelización de clientes; bien porque la empresa vendedora crea su propio perfil en dichas redes interactuando directamente con su público, o bien mediante la colaboración de personas influyentes (*influencers*) o creadoras de contenido que anuncian productos en sus vídeos o retransmisiones en vivo o *streaming*. Sea como sea, estas vías de captación son muy importantes. Los clientes que se convierten en seguidores, contactos, fans, etc. son personas que, *a priori,* están interesadas en el contenido que se ofrece. De ahí la importancia de que el contenido sea relevante e interesante. Este seguimiento puede que no se traduzca en un aumento de ventas inmediato, pero sí lo puede hacer a largo plazo.

 Mercados inmersivos. El metaverso (espacios virtuales dimensionados en 3D, como en los videojuegos) y la realidad virtual o aumentada permiten que los usuarios puedan interactuar entre ellos y con los productos. Algunas marcas recrean tiendas virtuales.

Por ejemplo, algunas tiendas de ropa permiten probar las prendas de manera virtual para que el cliente vea cómo le sienta la prenda.

También es habitual, en tiendas de muebles y decoración, ver cómo quedaría el espacio doméstico con los muebles nuevos o dónde ubicar un adorno en la casa actual del consumidor que lo adquiere.

🎥 VÍDEO

En el siguiente vídeo puedes ver una explicación de los probadores inteligentes.

Accede desde aquí:

https://redirectoronline.com/adgg017po0103

3. Competencia

☞ HILO CONDUCTOR

Carlos, el gerente de Papelería Digital, siguiendo con su proyecto de abrir su propio negocio desde una perspectiva tecnológica, debe conocer cómo se maneja la competencia en el mercado. Para ello, debe indagar al respecto. Carlos tiene que identificar las amenazas que le pueden suponer el resto de empresas de la competencia, así como las estrategias que estas utilizan para mantenerse en el mercado.

La competencia en el mercado es el conjunto de empresas que venden u ofrecen los mismos productos, o similares, que otra empresa.

En la actualidad, la competencia presenta las siguientes **amenazas:**

Ofrecen productos iguales a los nuestros
- En este caso, si los productos ofrecidos por la competencia son iguales a los nuestros, deberemos diferenciarnos en el servicio de compraventa mediante la amabilidad y la exquisita atención al cliente, o en el proceso de compraventa a la hora de ofrecer un amplio abanico de productos, así como en la aplicación de estrategias comerciales como ofertas, descuentos, regalos, etc.

Ofrecen productos similares a los nuestros
- En este caso, los productos no son exactamente iguales. Deberíamos conocer sus productos para saber en qué se diferencian y utilizar esta información en los argumentos de venta. De esta manera, podemos describir los atributos de nuestro producto y explicarle al cliente cuál es la diferencia con el de la competencia.

Ofrecen productos mejores que los nuestros
- En este caso, tendremos que ofrecer un excelente servicio de preventa, venta y posventa y aplicar estrategias comerciales. A medio o largo plazo, no quedará otra opción que mejorar nuestro producto, bien mediante la I+D+I o bien buscando proveedores que ofrezcan productos de mayor calidad si no somos fabricantes y solo somos minoristas intermediadores.

No se debe olvidar que la competencia utiliza las siguientes **estrategias para atraer cuota de mercado:**

- **Uso de las TIC para atraer y retener a la demanda.** La competencia puede utilizar *apps* u otras tecnologías para captar y fidelizar clientes. Esto nos obliga a que nuestra empresa también las utilice si no nos queremos quedar fuera del mercado.

  Por ejemplo, muchas entidades bancarias utilizan las *apps fintech* o tecnologías financieras. Además de ofrecer sus servicios bancarios en las oficinas físicas tradicionales, cuentan con aplicaciones para que los clientes puedan hacer diferentes operaciones desde la *app,* como consultar el saldo de la cuenta, hacer una transferencia bancaria, recibir un importe por *Bizum,* etc.

  De estos ejemplos se concluye que una entidad bancaria que solo ofrece servicios presenciales, o un centro de formación que solo ofrece cursos presenciales, quedan fuera del mercado en breve, ya que la competencia ofrece servicios tecnológicos que alcanzan una cuota de mercado entre personas que prefieren la comodidad tecnológica frente a la presencial.

- **Análisis de la competencia con herramientas digitales.** Lógicamente, la competencia utiliza también las herramientas digitales para analizar el mercado y estudiar tendencias. Esto nos obliga a hacerlo a nosotros también. Además del *big data*, o los sistemas CRM, las empresas utilizan el *benchmarking online* y el *social listening*. El *benchmarking online* es la actividad de compararse con el resto de competencia a nivel *online* y seleccionar lo mejor de cada una, para hacer un producto o servicio *online* diseñado con lo mejor de cada uno.

  Por ejemplo, un ejemplo de *benchmarking* es una empresa que entra en las diferentes páginas web de la competencia y elige los colores de una, los tipos de letra de otra, el estilo de fotos de otra y la estructura u organización de otra para diseñar su página web propia con lo que más le ha gustado o atraído de las demás.

- **Innovación tecnológica para tener ventaja competitiva.** Muchas empresas de la competencia cuentan con departamentos de I+D+I (investigación + desarrollo + innovación) y son las que van por delante en el mercado, al ser pioneras y líderes en el terreno tecnológico. Invierten mucho dinero en investigar, desarrollar e innovar en servicios y herramientas tecnológicas para ofrecer a sus clientes un valor añadido en el proceso de compraventa. Tenemos que estar pendientes de todas estas innovaciones para poder invertir también en ellas. A veces, algunos progresos tecnológicos no implican una inversión elevada y es factible aplicarlos en pequeñas o medianas empresas cuyos presupuestos son inferiores a los de las grandes empresas.

- **La experiencia de usuario como ventaja competitiva.** Esta estrategia se deriva de la anterior. Al poder investigar, desarrollar e innovar en servicios o herramientas tecnológicas, la aplicación de las mismas en el proceso de compraventa facilita que el usuario o comprador disfrute de su experiencia de compra, lo que convierte a la empresa en líder y pionera competitiva, por ofrecer ese valor añadido que disfruta el cliente.
- **Gamificación competitiva.** Las empresas que aplican la gamificación en sus servicios tecnológicos añaden valor a la experiencia de compraventa al involucrar al cliente y hacerle partícipe en el proceso de compraventa y en la comunicación con la empresa.

  Por ejemplo, una empresa puede plantear un reto para que los clientes consigan puntos, asciendan de nivel y, según el nivel en el que estén, consigan recompensas. Al mismo tiempo, se pueden plantear *rankings* o listados públicos para compartir los logros conseguidos.

  No debemos olvidar la Ley de Protección de Datos. Este tipo de cosas solo se pueden hacer previa autorización de los clientes o bajo el registro de algún apodo, pseudónimo o alias, mediante el cual solo la empresa identifique al cliente real con el perfil, pero no así el resto de clientes.

4. Clientes

☞ HILO CONDUCTOR

Una vez que Carlos, el gerente de Papelería Digital, ha aprendido conocimientos sobre el mercado y la competencia, ahora debe adquirir conocimientos sobre la clientela o demanda digital. Ha oído que el cliente es un agente activo y no pasivo, que hay que tener una perspectiva tecnológica del cliente y que es importante aplicar la gamificación a su fidelización. Así que va a indagar acerca de todos estos conceptos.

El mercado está conformado por la oferta y la demanda. La oferta está formada por aquellas empresas que ofrecen productos y servicios, mientras que la demanda es el conjunto de personas o empresas que solicitan bienes y servicios para satisfacer sus propias necesidades y las de sus clientes.

Para las empresas fabricantes, productoras y/o intermediarias mayoristas, sus clientes son otras empresas intermediarias o minoristas. Para las empresas intermediarias minoristas, el cliente es el cliente final, consumidor o usuario, es decir, la persona que va a consumir y a utilizar el bien o servicio.

En la actualidad, además de ver al cliente desde la perspectiva tradicional, hay que verle desde la perspectiva tecnológica. El cliente ya no es un espectador pasivo que recibe mensajes publicitarios suficientemente motivadores para impulsarle a la acción de compra. El cliente es un **agente activo** que actúa ejecutando las siguientes **acciones:**

Participa	- El cliente acude a la web o a los perfiles de redes sociales de la empresa vendedora y opina en chats o foros sobre el producto adquirido, el servicio recibido, el servicio de paquetería o entrega en el caso de compras *online*, o incluso sobre la experiencia en la forma de pago.
Crea	- El cliente crea contenido gracias a la tecnología. Escribe artículos en su propio blog, escribe posts en su perfil de redes sociales, diseña presentaciones mediante *PowerPoint* u otras aplicaciones a partir de fotografías propias, realiza vídeos, hace *podcasts*, expone en vivo, etc. Todo ello para contar su intención o experiencia de compra. - Ejemplo: un cliente puede hacer un vídeo de una receta de ensalada con los ingredientes comprados en una frutería.
Comparte	- El cliente comparte en sus redes sociales su intención o experiencia de compra. - Ejemplo: en *TikTok* o *Instagram* aparecen muchos vídeos de personas que compran por internet y, cuando reciben en su casa el pedido, graban un vídeo o hacen un directo mostrando todos los productos que han comprado.

IMPORTANTE

Con esta perspectiva tecnológica del cliente, las empresas están casi obligadas a planificar sus estrategias digitales de comunicación, fidelización y experiencia del consumidor.

Para enfocarse en la **perspectiva tecnológica del cliente,** hay que tener en cuenta las siguientes **ideas:**

- **El cliente como usuario digital.** El cliente está hiperconectado e hiperinformado. Por una parte, puede utilizar múltiples dispositivos físicos para hacerlo: ordenador de sobremesa, ordenador portátil, tableta, teléfono móvil, etc. Por otra parte, en un único dispositivo puede acceder a redes sociales *(Facebook, Instagram, TikTok, Threads, X,* etc.), páginas web, chats de conversación *(Telegram, WhatsApp,* etc.), aplicaciones de empresas, etc. Por lo tanto, el cliente recibe de manera pasiva mucha información, publicidad, reseñas y opiniones de otros usuarios, entre otras cosas.
  Hoy en día existe tantísima información en internet que es difícil diferenciar la información verdadera y cierta de la falsa, los bulos o las *fake news.* De hecho, se habla del término infoxicación (= información + intoxicación) para referirse a ese exceso de información en internet que lo abarca todo, lo verdadero y lo falso. Hay que tener presente que la información se basa tanto en hechos objetivos como en la opinión en referencias subjetivas.
- **El cliente como prosumidor.** El cliente, además de consumir, produce contenido. Sube fotos de manera simple o diseñando un *reel* o un vídeo con una presentación breve, graba vídeos recibiendo productos o utilizándolos, escribe reseñas y opiniones, y comparte experiencias tanto positivas como negativas. Por el hecho de que el cliente produce contenido, hay que tener un exquisito cuidado con la atención al cliente en la perspectiva digital. En muchas ocasiones, la opinión de un cliente tiene mayor peso en el resto de personas que las propias campañas de publicidad de la empresa. A estos clientes se los denomina *influencers* o *microinfluencers* (dependiendo del tamaño de su comunidad de seguidores). No hay que olvidar que, además de ellos, cualquiera se puede volver viral en la red. Basta que un cliente haya tenido una experiencia negativa y haga un vídeo, incluso con humor, para que se convierta en viral a pesar de que su comunidad de amigos o seguidores sea muy pequeña habitualmente.
  Por ejemplo, hay un perfil en varias redes sociales que se llama Soycamarero que, además de contar anécdotas que les suceden a los camareros dentro del sector de la restauración, también comparte experiencias que le cuentan clientes de dicho sector.
- **Necesidad de experiencias personalizadas.** Precisamente, para acceder a la red, aunque se puede acceder de manera anónima y a modo de invitado, a menudo suelen pedir algún tipo de registro, aunque sea de pocos datos. De esta manera, todos somos alguien en las redes, aunque en lugar de utilizar nuestra identificación real nos hayamos identificado como @Francisco4582. Ese usuario opina, responde, pregunta y habla

con esa identificación y espera que las empresas se dirijan a él mediante dicha identificación. El cliente no quiere mensajes genéricos. Sabe que, gracias a los algoritmos, puede recibir ofertas y recomendaciones según sus hábitos de compra, sus búsquedas realizadas en la red o web, sus gustos, sus prioridades, etc. El cliente quiere experiencias interactivas, ya que, al sentir que interactúa con la empresa, que esta le escucha y se dirige a él personalmente, la relación es más satisfactoria y fiel a largo plazo.

- **Uso de las TIC para conocer al cliente.** La empresa puede preguntarse cómo conocer las necesidades del cliente que compra desde su casa. La respuesta es que se le puede conocer mediante las TIC.

- **CRM** *(customer relationship management)* **o gestión de la relación con el cliente.** Esto es posible cuando la empresa tiene una base de datos de clientes reales, es decir, clientes que ya han comprado o que han interactuado con la empresa. Aquí toman relevancia los formularios de registro. Cuantos más datos se soliciten del cliente, más información se obtendrá de ellos. Teniendo en cuenta que hoy en día a mucha gente no le gusta dar muchos datos, es importante la confección del formulario de registro para solicitar aquellos datos que realmente puedan ser relevantes para nuestras estadísticas según lo que queramos saber de los clientes. La tecnología también permite registrar las interacciones del cliente y saber si solo navega, si clica en el producto y lee las descripciones o visualiza las fotos, si los lleva al carrito o cesta de la compra y si, finalmente, realiza la compra. Todo esto ayudará a la empresa vendedora a planificar estrategias de *marketing* según sean los hábitos de los clientes. En algunos casos, se pueden cruzar datos con las ventas en establecimientos físicos y saber si los clientes se informan en la web pero luego realizan la compra en tienda o al contrario.

- **Análisis de mercado.** Gracias al *big data* (análisis de grandes volúmenes de datos) y a la inteligencia artificial (IA), se puede saber qué productos interesan más o menos a los consumidores, a qué horas, en qué días de la semana o temporadas consultan o compran más o menos, quiénes desisten, etc. En base a las conclusiones de estos análisis, se pueden planificar estrategias de *marketing* para ofrecer lo que los clientes quieren y cuando lo quieren.

- *Chatbots* **y asistentes virtuales.** Estas herramientas sirven para contestar a consultas realizadas por los internautas en tiempo real. Permiten conocer cuáles son las consultas más frecuentes o los problemas más recurrentes. Es muy importante que estén bien diseñados. De lo contrario, el consumidor puede percibir que la herramienta no es útil, sobre todo si está realizando una consulta básica o fácil, como pedir un dato de contacto con la empresa (un número de teléfono, una dirección de *e-mail,* un horario disponible, etc.). Un error muy frecuente es diseñar este tipo de herramientas con un único mensaje, del tipo: "Hemos recibido su consulta, contactaremos con usted en cuanto podamos", agravándose la situación si, además, no se contacta con el cliente.

- **Fidelización activa.** La fidelización digital debe ser una fidelización activa, es decir, debe mantener el interés del cliente por la empresa y fomentar la repetición de compra. Para ello, las empresas pueden utilizar los siguientes recursos:

- **Aplicaciones móviles.** El móvil es uno de los dispositivos que casi todos los usuarios tienen, más que el ordenador de sobremesa, el portátil o la tableta. Por eso, proveer de aplicaciones móviles garantiza estar en el bolsillo o en la mano del usuario una gran parte del día. Las aplicaciones permiten realizar la compra y el seguimiento de la misma, además de acceder a promociones y beneficios exclusivos.

- **Notificaciones *push*.** Estas notificaciones son notificaciones breves y directas, a modo de alertas o avisos. Pueden aparecer como banners. Se puede aprovechar este tipo de herramienta para notificar al cliente sobre ofertas personalizadas, eventos que vayan a tener lugar en breve o nuevos lanzamientos, entre otros.

- **Programas de recompensas.** Las recompensas, mediante la obtención de puntos, ascensos de niveles, descuentos, artículos de regalo, etc. incitan a la repetición de compra, ya que el cliente desea aprovechar esa recompensa obtenida.

    Se debe recordar que la fidelización activa consiste en ser constante y aportar valor, sin caer en la repetición frecuente sin ninguna aportación nueva.

- **El cliente como epicentro del sistema digital.** En el mundo digital, el cliente puede convertirse en un cliente prescriptor, es decir, alguien que atrae o ahuyenta a más clientes. Por eso, el cliente debe ser el epicentro de toda la planificación y estrategias digitales. Todo debe estar diseñado y pensado para él. Las TIC se utilizan para llegar a él y que él llegue a la empresa. Las TIC son la vía, el camino que vincula a la empresa y al cliente. La personalización, la interacción, la tecnología y la gamificación deben ser una experiencia global que se le ofrece al cliente.

RECUERDA

La fidelización activa consiste en ser constante y aportar valor, sin caer en la repetición frecuente sin ninguna aportación nueva.

4.1. La gamificación aplicada a la fidelización de clientes

La gamificación es la aplicación del juego en las actividades interactivas. Casi podemos afirmar que gran parte de la gamificación de las empresas viene inspirada por los videojuegos, que fueron los pioneros e innovadores del juego digital. Las **estrategias de gamificación** más aplicadas son:

Programas de puntos y niveles
- Dependiendo de los importes que consuma el cliente, se le otorgan unos puntos. A su vez, dependiendo de la cantidad de puntos que alcance, o según sea el importe a computar, el cliente adquiere un nivel. Este sistema proporciona al cliente un sentimiento de progreso y de pertenencia.
- Los niveles se pueden denominar de diferentes maneras, según la empresa. Por metales (bronce, plata, oro, platino), por colores (blanco, amarillo, naranja, verde, azul, etc.), por letras (A, B, C, D...), por números (1, 2, 3, 4...) u otro criterio, que debe estar bien explicado en las bases o normas de dicha herramienta.

Retos y logros digitales
- Esta estrategia consiste en proponer retos, como comprar productos en un período de tiempo (ideal para campañas de Navidad, Semana Santa o verano), probar un nuevo producto (ideal para campañas de lanzamiento), y recompensar una vez el cliente haya logrado dicho reto. Las recompensas pueden ser las mismas que en el caso de la anterior estrategia (regalos, descuentos, promociones exclusivas, etc.).

Recompensas virtuales y físicas por acciones concretas
- Existen empresas que ofrecen recompensas virtuales, como *skins* (apariencia visual de una aplicación), *badges* (insignias) o cupones canjeables. Otras entregan recompensas físicas, como muestras gratuitas o artículos de merchandising.

5. Propuesta de valor

 HILO CONDUCTOR

Carlos, el gerente de Papelería Digital, está a punto de abrir su negocio. Su papelería, como todas las demás, vende artículos de papelería, material es-

Continúa en página siguiente >>

<< Viene de página anterior

colar y material de oficina, como el resto de su competencia. Sin embargo, su propuesta de valor era la venta por internet. Había pensado que con abrir una página web sería suficiente. Sin embargo, él quería diferenciarse del resto. ¿Cómo lo puede conseguir? Ha decidido investigar respecto a este asunto, ya que desea hacer algo innovador.

La propuesta de valor es una declaración por la que una empresa describe sus productos, argumentando las bondades y atributos de los mismos, explica cómo cubren las necesidades de los clientes y especifica qué es lo que les diferencia de la competencia. El objetivo de la propuesta de valor es que el cliente elija los productos de la empresa por encima de los que ofrece la competencia.

En el ámbito tecnológico, la **propuesta de valor** debe cumplir las siguientes **características:**

- ➲ **Diferenciarse por la experiencia digital ofrecida.** Además de diferenciarse por el producto, que sería la propuesta de valor tradicional, la empresa debe diferenciarse por la experiencia digital que vive y disfruta el cliente durante todo el proceso de venta (preventa, venta y posventa). La empresa, además de ofrecer productos excelentes (como ropa, artículos de papelería, alimentación, etc.), debe ofrecer un servicio tecnológico o digital también excelente. Esto implica que las páginas web de compra sean intuitivas, atractivas, rápidas a la hora de navegar o cargarse en el dispositivo, sin errores, con soporte técnico para el cliente en caso de dudas o errores, etc. Se puede incluso integrar lo físico o tradicional con lo digital. El cliente puede comprar por internet para retirar el artículo en tienda. De este modo, se incentiva que visite la tienda física, pudiendo allí ampliar su compra.
- ➲ **Valor añadido.** El valor añadido es aquello que, además del producto en sí, le ofrece la empresa y los diferencia de la competencia. Algunas características web que pueden diferenciar a una empresa de su competencia son: la facilidad de uso, los procesos de compra simples y claros, la rapidez en la navegación, la intuición, la accesibilidad para todo tipo de personas, la personalización, las consultas o la atención al cliente 24/7, los gastos de envíos gratuitos o incluidos en los precios, la rapidez en los tiempos de envío, la personalización, etc.
  Por ejemplo, *Spotify* crea listas de canciones únicas para cada usuario según sus gustos.

Diseño de experiencias inolvidables. Para ello, se pueden utilizar herramientas como las aplicaciones móviles, que integran todo el proceso de compraventa; las redes sociales, donde el cliente puede compartir y participar con sus opiniones y comentarios; y la gamificación, por la que el cliente puede obtener recompensas, realizar retos, etc. En todas ellas el cliente puede interactuar y obtener una experiencia única y memorable que le hará sentirse más cercano a la empresa.

Por ejemplo, un gimnasio podría diseñar rutinas personalizadas a sus suscriptores, retos semanales y recompensas para crear un vínculo más estrecho con ellos.

La gamificación como parte de la propuesta de valor. Aunque parezca un juego, incluir los recursos de puntos, niveles, retos y recompensas hace que el cliente se sienta valorado por la empresa y se sienta parte de la misma. Esto favorece la relación a largo plazo.

Por ejemplo, algunas aplicaciones educativas, como *Duolingo* (app de enseñanza de idiomas), premian los avances del alumnado.

✏️ ACTIVIDAD COMPLEMENTARIA

1. Accede al siguiente vídeo, llamado *5 ejemplos de gamificación en marketing que toda marca puede implementar.* En él se dan unos ejemplos de empresas que han implementado la gamificación.

   Elabora un listado con los ejemplos vistos en el vídeo y otros ejemplos de gamificación en el comercio.

   Accede al vídeo desde aquí:

https://redirectoronline.com/adgg017po0101

6. Cambios, transformación, creatividad y desarrollo

☞ HILO CONDUCTOR

Carlos, el gerente de Papelería Digital, es consciente de cómo ha evolucionado el mundo tecnológico. Desde que se hablaba de "nuevas tecnologías" a las ahora llamadas "tecnologías emergentes". Vivió la entrada de internet, las webs 1.0, hasta la computación en la nube. La aparición de *apps*, chats conversacionales, etc. Carlos sabe que con solo poner una página web para vender su producto no es suficiente. La competencia pisa fuerte y el ámbito tecnológico evoluciona a pasos agigantados. Debe averiguar más sobre cómo afrontar el cambio y la transformación tecnológica y con creatividad para desarrollarlo.

Para **mantenerse en el mercado a nivel tecnológico** es imprescindible contar con estas **habilidades:**

➲ **Adaptación al cambio digital.** El ámbito tecnológico está en constante cambio, y lo hace de manera muy rápida. Por eso, las empresas deben saber adaptarse a dichos cambios. Esto implica que los recursos humanos deban contar con ciertas habilidades en el manejo de la tecnología y estar receptivos a los cambios evolutivos, y que la dirección de la empresa deba tener el ámbito tecnológico entre sus prioridades de inversión. Los clientes exigen cada vez mayor inmediatez, más personalización y más experiencias interactivas porque se quieren sentir participativos, no meramente receptores de información y publicidad. Por otra parte, las plataformas y páginas web vuelven a las empresas más globales pero, al mismo tiempo, con mayor competencia, pues "todo el mundo está ahí". La innovación tecnológica hace que algunos modelos tradicionales, que han funcionado toda la vida, de pronto se vuelvan obsoletos y sean descartados por las preferencias de los clientes.
Por ejemplo, *Adobe* ha pasado de vender licencias físicas a ofrecer su *software* en formato SaaS.

➲ **Transformación digital.** Mientras que el cambio se produce de una manera más radical, repentina o abrupta, la transformación implica una evolución en el modelo de negocio, un cambio más lento, gradual y paulatino. El cambio digital va tan rápido que, a veces, las empresas tienen que abandonar o desistir de procesos rígidos y deben adoptar metodologías más flexibles para permitir esa transformación gradual. Algunos ejemplos de estas metodologías ágiles son *Scrum, Kanban* o

Design Thinking. Este tipo de metodologías ágiles permiten iterar o pivotar rápidamente, probar ideas nuevas y adaptarse según el *feedback* o retroalimentación en la comunicación con los clientes. De ahí la importancia de escuchar al cliente, analizar las tendencias y actualizar los procesos de manera rápida. Por otra parte, las tecnologías disruptivas vistas anteriormente —como el *big data,* la inteligencia artificial, el internet de las cosas (IoT), el *blockchain* o la realidad aumentada o realidad virtual— facilitan el desarrollo de los nuevos formatos comerciales. La transformación ofrece nuevas propuestas de valor y nuevas fuentes de ingresos para las empresas. Para la transformación digital es necesario que haya una transformación empresarial en la que el personal tenga una mentalidad abierta hacia la tecnología, es decir, formación en TIC, liderazgo digital y cambio cultural empresarial para cambiar a metodologías más flexibles.

● **Creatividad digital.** Esto significa tener creatividad en el diseño de las interacciones digitales. No solo se trata de colores atractivos o de una estructura u organización lógica e intuitiva, sino que se trata de crear interacciones que al cliente le generen emociones y sentimientos hacia la marca o empresa. Para ello, se pueden hacer campañas interactivas en redes sociales, de modo que el internauta pueda participar y crear contenido, experiencias inmersivas con paseos virtuales por las tiendas o almacenes, o *storytelling* digital combinando vídeos, *podcasts,* publicaciones o experiencias gamificadas.

Por ejemplo, la *app* de Ikea Place permite al usuario "colocar" muebles de manera virtual en su casa, fusionando tecnología, utilidad y una experiencia inolvidable.

● **Desarrollo digital gamificado.** Para eso hay que diseñar entornos gamificados donde el usuario tenga que cumplir una misión, lograr un reto, o donde existan comunidades de otros individuos en sus mismas circunstancias. Estas actividades gamificadas, además de enfocarse de cara al cliente, se pueden diseñar como motivación e incentivo de los recursos humanos de la empresa para mejorar el rendimiento laboral mediante la interacción de equipos.

 TAREA 1

Papelería Digital es un negocio local que vende material de oficina, escolar y de papelería en su tienda física y en su tienda *online.* Aunque tiene clientela fiel, las ventas de la web no son tan elevadas como las de la tienda física. Carlos, el gerente, necesita incrementar la venta *online.* Además, la competencia

Continúa en página siguiente >>

<< Viene de página anterior

también utiliza redes sociales, hace promociones *online* y envía los pedidos de manera gratuita.

La situación actual es que la papelería cuenta con una web básica, no tiene perfiles en redes sociales y el único canal digital es la tienda *online*.

Indica qué decisiones podría tomar Carlos para incrementar las ventas en su web.

---

7. Estrategias de canal y las nuevas tecnologías

☞ HILO CONDUCTOR

Carlos, el gerente de Papelería Digital, intuye que una página web no es suficiente para ser una empresa moderna e innovadora que utiliza la tecnología. Además de dirigirse al público general, él tiene pensado vender a empresas, incluso se había planteado la posibilidad de hacer comunidades de *WhatsApp* con centros educativos y AMPAS para ofrecer promociones en las campañas de la vuelta al cole. Así que ha decidido informarse acerca de todos los canales tecnológicos que puede utilizar para aumentar las ventas de su papelería.

El canal es la vía por la que se hace llegar el producto desde el vendedor al comprador. En la actualidad, las estrategias de canal no consisten en que el cliente elija entre el comercio tradicional y el comercio electrónico, sino que se trata de integrar todos estos canales o puntos de contacto en una experiencia única de compra. Así que podemos afirmar que las diferentes nuevas tecnologías ofrecen diferentes tipos de canales.

Las diferentes **estrategias de canal,** utilizando las nuevas tecnologías, son las siguientes:

➲ **Estrategia de omnicanalidad.** La primera estrategia de canal es la estrategia de omnicanalidad. Vamos a diferenciar los conceptos multicanal y omnicanal. Multicanal significa que la empresa utiliza varios canales (tienda física, página web, *call center)*, pero cada uno es independiente. Por ejemplo, un cliente compra por la página web, pero no puede devolver o cambiar el producto en la tienda física.

Omnicanal significa que todos los canales están integrados y el cliente se puede mover por cualquiera de ellos sin restricciones.

Por ejemplo, un cliente compra por internet y lo retira en la tienda física. La omnicanalidad es posible gracias a las tecnologías emergentes, como el *big data,* la IA, los sistemas CRM integrados, el *blockchain,* etc., que permiten el cruce de datos y su análisis.

- **Estrategia de redes sociales.** Consiste en utilizar las redes sociales como canal de ventas. En realidad, las redes sociales no se utilizan para comprar, sino más bien para informar y comunicar, aunque finalmente se derivará al cliente a una web o tienda física donde realizar la compra. Sin embargo, redes sociales como *Facebook* o *TikTok* ofrecen una tienda virtual donde los usuarios pueden vender y comprar productos.

- **Estrategia de aplicaciones móviles.** Consiste en que la empresa ofrezca una aplicación móvil, bastante similar a su web, desde la que el cliente puede realizar la compra, además de ser informado y poder disfrutar de otras ventajas.

- **Estrategia de realidad virtual.** En la que el cliente, mediante una experiencia inmersiva, puede ver o probar productos de manera virtual.

- **Estrategia de metaverso.** En la que las marcas crean tiendas y espacios virtuales con experiencias gamificadas para que el cliente disfrute de la experiencia de compraventa.

  Por ejemplo, Nike tiene un espacio interactivo en *Roblox* llamado Nikeland, en el que los clientes pueden explorar, interactuar y desbloquear recompensas, como en un videojuego.

- **Estrategia de canal de chats conversacionales.** Algunas *apps* de conversación, como *Telegram, WhatsApp* o *WhatsApp Business,* permiten comunicarse con el cliente de manera directa y personal, además de formar grupos y comunidades con objetivos en común.

  Por ejemplo, una compañía aérea, un hotel o una agencia de viajes utilizan *WhatsApp* para confirmar reservas, enviar tarjetas de embarque o bonos de hotel y responder preguntas.

- **Estrategia de canal de *chatbots.*** Es un chat robotizado que responde a preguntas frecuentes. Disponible 24/7. Debe estar muy bien diseñado para que el cliente perciba que es escuchado y entendido por el *bot,* y no debe utilizar mensajes estándar que no respondan a las preguntas o solicitudes de los clientes internautas.

- **Estrategia de canal de asistentes de voz.** Algunos asistentes, como *Alexa* o *Siri,* permiten realizar búsquedas tras recibir la orden mediante la voz del usuario.

Los objetivos de las estrategias de canal son **medir y optimizar** cada canal de contacto. Para ello, utilizan las siguientes **herramientas:**

Análisis de datos en tiempo real
- Se trata de procesar los datos que se envían y reciben, obteniendo información y tomando decisiones casi de inmediato. Es ideal para entender qué canales convierten mejor, es decir, qué canales cierran ventas reales. Se puede utilizar *Google Analytics* o *Power BI*.

A/B *testing*
- También denominada "prueba dividida", consiste en comparar dos versiones (A y B) de un mismo elemento (por ejemplo, una página web) y determinar cuál de las dos versiones funciona mejor, o es más atractiva, o cualquier otro criterio que queramos comparar. Generalmente, en el caso que nos compete, sería comparar qué canal, mediante datos, nos genera mayor cantidad de ventas, o ventas más rentables.

Automatización de *marketing*
- Consiste en automatizar tareas repetitivas de *marketing* y campañas. De esta manera, los profesionales de marketing se centran en otras funciones o tareas, y estas tareas repetitivas quedan robotizadas, como puede ser el envío de correos electrónicos, publicaciones en redes sociales, etc.

8. Resumen

El comercio tradicional se caracteriza por ser rígido, escueto y estático, mientras que el comercio digital se caracteriza por tener mayor flexibilidad, mayor accesibilidad y mayor personalización.

La aparición de las TIC ha favorecido la formación de nuevos formatos comerciales, como son:

Plataformas de *software* como servicio (SaaS)

Marketplaces

Continúa en página siguiente >>

<< Viene de página anterior

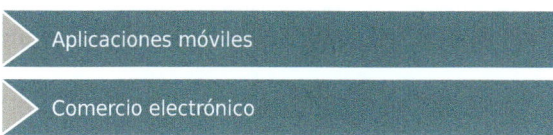

Estos nuevos formatos comerciales adquieren gran relevancia en el mercado debido a dos sistemas, como la suscripción y la gamificación.

Por otra parte, estos nuevos modelos comerciales han sido potenciados por las siguientes tecnologías emergentes:

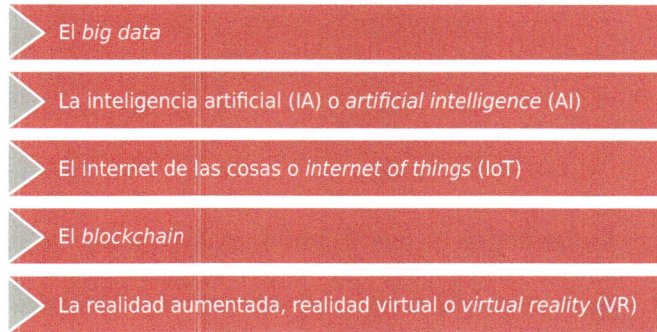

Gracias al análisis de mercado, se puede llegar a las siguientes conclusiones:

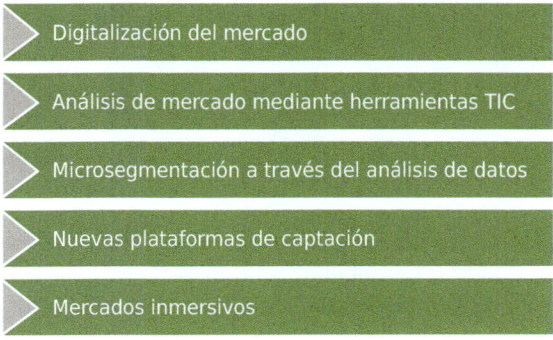

Por otra parte, la competencia es el resto de empresas que presentan las amenazas de ofrecer productos iguales, similares o mejores que los nuestros. Las estrategias que utiliza la competencia para atraer cuota de mercado son:

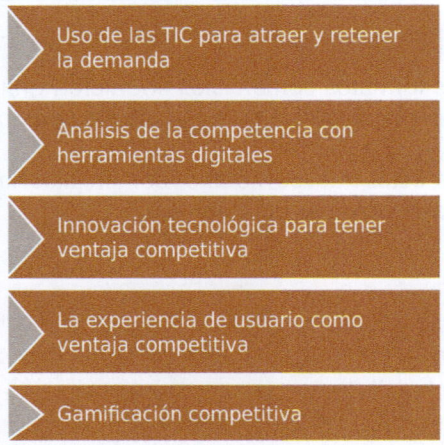

Hay que tener en cuenta que el cliente actual es un agente activo que participa, crea y comparte contenido. Hoy en día, debemos considerar al cliente con una perspectiva tecnológica, sin olvidarnos de las siguientes ideas:

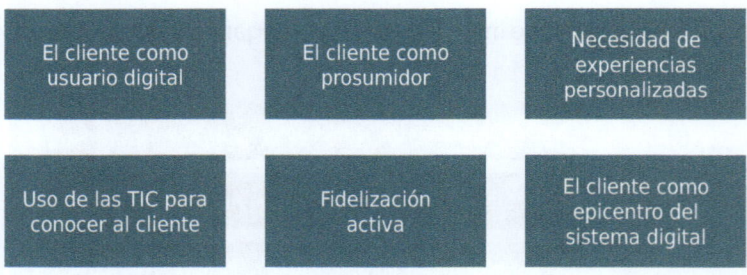

El uso de las TIC para conocer al cliente conlleva manejar el CRM o la gestión de la relación con el cliente, el análisis de mercado y el uso de *chatbots* y asistentes virtuales. Para la fidelización activa hay que utilizar como recursos las aplicaciones móviles, las notificaciones *push* y los programas de recompensas.

Las estrategias de gamificación más aplicadas son los programas de puntos y niveles, los retos y logros digitales y las recompensas virtuales y físicas por acciones concretas.

Las características de la propuesta de valor o de aquello que propone la empresa al cliente para que le compre son:

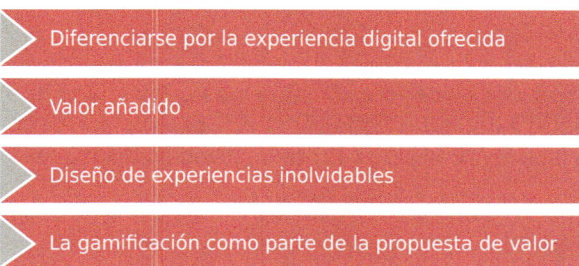

Las habilidades necesarias para mantenerse en el mercado a nivel tecnológico son las siguientes:

Además, existen diferentes estrategias de canal que se utilizan con diferentes nuevas tecnologías, y que son las siguientes:

Continúa en página siguiente >>

<< Viene de página anterior

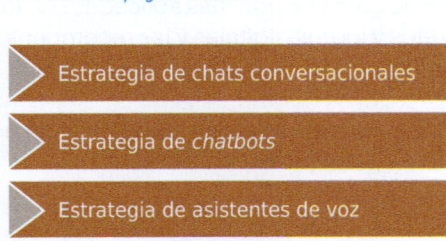

Estrategia de chats conversacionales

Estrategia de *chatbots*

Estrategia de asistentes de voz

Por último, debemos recordar que las herramientas que se deben utilizar para medir y optimizar cada canal de contacto son el análisis de datos en tiempo real, el A/B *testing* y la automatización del *marketing*.

Ejercicios de autoevaluación
Unidad de Aprendizaje 1

1. **¿Cuál de las siguientes es una característica del comercio digital apoyada en TIC?**

   a. Producción exclusivamente física.
   b. Eliminación de barreras geográficas y arquitectónicas en el mercado.
   c. Desconexión entre clientes y empresas.
   d. Eliminación del uso de datos para la toma de decisiones sobre estrategias.

2. **¿Qué herramienta TIC se utiliza para gestionar y analizar la relación con los clientes?**

   a. CRM
   b. *Blockchain*
   c. IoT
   d. Gamificación

3. **Indica si la siguiente oración es verdadera o falsa: "Una empresa o comercio puede utilizar recompensas virtuales por compras para incentivar la fidelización del cliente".**

   ■ Verdadero
   ■ Falso

4. **La ventaja que aporta la vía omnicanal frente a la vía multicanal es...**

   a. ... la separación de canales.
   b. ... una disminución del uso de la tecnología por parte del cliente.
   c. ... que integra una experiencia unificada para el cliente.
   d. ... la exclusividad de ventas para las compras realizadas en la tienda física.

5. En la propuesta de valor digital, el valor añadido se logra mediante:

    a. Publicidad impresa
    b. Eliminación de redes sociales
    c. Emisión de correos postales al buzón del cliente
    d. Aplicación de la gamificación

6. Indica si la siguiente oración es verdadera o falsa: "El cliente actual es un consumidor pasivo de productos y publicidad".

    ■ Verdadero
    ■ Falso

7. En la aplicación de la gamificación, los retos y logros sirven para:

    a. Disminuir la participación del cliente.
    b. Eliminar el servicio de reclamaciones.
    c. Sustituir el servicio de atención al cliente.
    d. Incentivar la interacción, el compromiso y la fidelización.

8. Indica si la siguiente oración es verdadera o falsa: "La gamificación solo vale para el sector del ocio y entretenimiento".

    ■ Verdadero
    ■ Falso

9. Indica si la siguiente oración es verdadera o falsa: "*WhatsApp* es una aplicación muy útil como herramienta conversacional".

    ■ Verdadero
    ■ Falso

10. Las cerraduras inteligentes que se abren desde el móvil del usuario son un ejemplo de:

    a. IoT
    b. *Blockchain*
    c. *Big data*
    d. Realidad virtual

Unidad de aprendizaje 2

CRM

Contenido

Objetivos

El objetivo general de esta Unidad de Aprendizaje es:

→ Conocer desde una perspectiva global e integral el ámbito del CRM o gestión de la relación con el cliente.

Los objetivos específicos de esta Unidad de Aprendizaje son:

→ Aprender el concepto de CRM.

→ Diferenciar los diversos tipos de CRM.

→ Aplicar el CRM a la fidelización de la clientela.

→ Implementar el CRM para realizar acciones comerciales.

→ Utilizar la gamificación en el CRM.

1. Introducción

Hoy en día, la mayoría de empresas que constituyen la oferta del mercado ofrecen productos y servicios de calidad.

Los productos vienen desde fábrica, habiendo superado controles de calidad para certificar sus atributos y bondades. Los servicios suelen pasar auditorías en los procesos para certificar su calidad. Así que nos encontramos en un mercado donde casi todo lo que adquirimos, como empresas o como consumidores, es de calidad.

Por tanto, las estrategias comerciales para vender productos y servicios y las estrategias de fidelización de clientes son las que nos van a ayudar a mantenernos en el mercado y a incrementar las ventas, ya que los productos y servicios de por sí son buenos.

De ahí viene la importancia que ha asumido el CRM *(customer relationship management)* o gestión de la relación con el cliente. Más que centrarse en el producto, hay que centrarse en las relaciones humanas y, cómo no, digitales con el cliente.

Para hablar del CRM, a lo largo de la presente unidad vamos a continuar con el caso de Papelería Digital, la empresa dedicada a la venta de productos de papelería y material escolar y de oficina ubicada en un local de 1.000 m², en el centro de una ciudad de unos 100.000 habitantes. Como ya sabemos, vende productos a través de su tienda física y de su página web tanto a particulares como a empresas.

2. Concepto de CRM

 HILO CONDUCTOR

Carlos, el gerente de Papelería Digital, se ha dado cuenta de una realidad. Aunque ha montado su negocio con mucha ilusión, los productos que vende son los mismos que venden todas las papelerías. No hay ingenierías, ni innovaciones ni inventos de por medio. Además, él es un mero intermediario que se dedica a comprar los productos a precio de coste para, posteriormente, venderlos a

Continúa en página siguiente >>

<< Viene de página anterior

un PVP o precio de venta al público. Así que debe averiguar qué debe hacer para mantenerse en el mercado y diferenciarse del resto de la competencia. Para ello, le han hablado del CRM o gestión de la relación con el cliente. Se va a poner manos a la obra para indagar sobre este concepto.

El mercado actual ha evolucionado tanto que el consumidor puede tener la certeza de que todos los productos y servicios que adquiere han pasado unos controles mínimos de calidad, incluso aunque sean productos importados. Existen leyes aduaneras y arancelarias que exigen unos requisitos de fabricación y seguridad a la hora de importar productos procedentes de otros países que hacen que el consumidor pueda comprar con seguridad.

Por este motivo, aunque no hay que descuidar las estrategias tradicionales de seleccionar buenos proveedores que nos ofrezcan una buena relación calidad-precio, los esfuerzos actuales de cualquier empresa deben estar centrados en la relación con el cliente.

Sin embargo, la relación con el cliente es un terreno muy amplio. Las empresas cuentan con clientes tradicionales que se presentan en tienda y con quienes se deben tener buenas habilidades de comunicación y venta, y cuentan con clientes digitales a quienes no ven, pero que también están ahí.

El CRM *(customer relationship management)* trata la gestión de la relación con el cliente. Esta gestión se debe ver desde **dos enfoques:**

Estrategia	- El CRM es una estrategia que debe estar integrada dentro del plan de empresa, bajo el paraguas de una filosofía y unas políticas de empresa.
Herramienta tecnológica	- El CRM es también una herramienta tecnológica gracias a la cual se pueden medir diferentes parámetros o criterios y, basándose en los resultados, tomar decisiones estratégicas.

Desde este doble enfoque, el CRM tiene un **doble objetivo:**

Fidelización de clientes	Acción comercial
- Consiste en que los clientes repitan la decisión de compra una y otra vez en el tiempo. Cuanto mayor sea la frecuencia, mejor. No hay que olvidar que también es importante que el importe de cada compra sea elevado. Un cliente leal y satisfecho es un cliente prescriptor que puede atraer a otros clientes. Si se tiene en cuenta que el cliente puede contar con seguidores o contactos en las redes, puede atraer a cientos o a miles de personas. De ahí la importancia que en la actualidad tiene el CRM.	- El CRM permite hacer diferentes estudios y estadísticas con diferentes criterios. En base al análisis de esos resultados, la empresa tomará decisiones comerciales, como la aplicación de ofertas, descuentos, campañas, regalos, etc.

A su vez, el CRM como herramienta tecnológica se puede gestionar como:

Software

El CRM se puede gestionar dentro de un programa de gestión de compras y ventas.

TIC

Se puede gestionar desde las tecnologías de la información y la comunicación.

2.1. El CRM gestionado desde un *software*

Como hemos dicho, el CRM se puede encontrar dentro de un programa de gestión de compraventa. En este caso, vamos a ver en concreto el del programa Factusol en su versión gratuita, pues también ofrece versiones de pago. Existen otros *softwares* en el mercado. La mayoría son muy parecidos en sus herramientas básicas, aunque se pueden encontrar algunos más sofisticados, dentro del amplio rango de precios que ofrece el mercado.

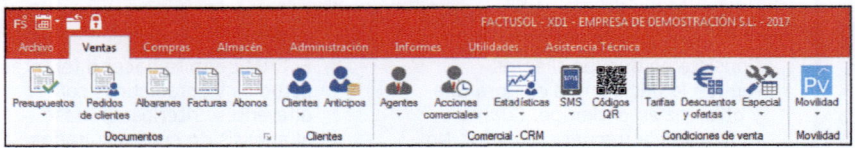

En la cinta de opciones del programa Factusol, aparece un grupo de botones denominado Comercial-CRM.

Como se observa en la imagen, el grupo de botones del CRM aparece dentro de la pestaña **Ventas,** ya que el CRM está directamente relacionado con la actividad comercial de la empresa y con los clientes a los que se venden productos y servicios. Dependiendo del *software,* se podría encontrar ubicado como una pestaña aparte.

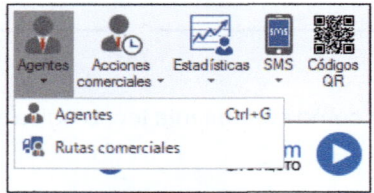

Dentro del apartado CRM existe el botón
Agentes.

Como vemos en la imagen de arriba, dentro del apartado CRM existe el botón **Agentes.** Este desplegable ofrece las opciones **Agentes** y **Rutas comerciales.** En algunas empresas existen dos **perfiles de trabajo** diferentes:

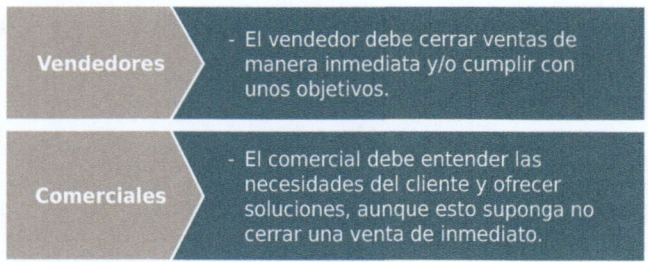

Una vez conocidas las diferencias entre vendedor y comercial, se entiende por qué el CRM tiene el doble objetivo de la fidelización de clientes y acciones comerciales. En algunas empresas, estos dos perfiles se pueden integrar dentro del mismo puesto de trabajo. De ahí que se ofrezcan las herramientas de perfiles de los agentes y las rutas o zonas asignadas a cada uno.

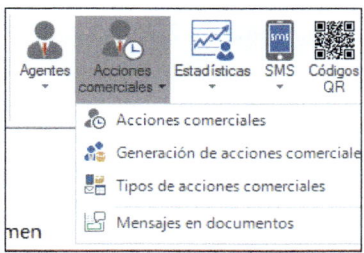

*Menú desplegable del botón **Acciones comerciales** del CRM de Factusol.*

Como vemos en la imagen de arriba, el CRM permite visualizar las distintas acciones comerciales (campañas de descuento, ofertas, regalos, etc.) que ha ofrecido o está ofreciendo la empresa, se pueden generar nuevas, se pueden clasificar por tipos de campaña y se pueden generar mensajes para que aparezcan durante unas fechas concretas en documentos como hojas de pedido de clientes, albaranes de entrega, facturas, etc. Esto permite comunicar al cliente la existencia de una campaña o acción comercial cada vez que generamos uno de estos documentos.

*En el botón **Estadísticas** del CRM aparecen las opciones **Consumos de clientes** y **Salidas por clientes**.*

En la imagen anterior se observa la existencia de un botón de estadísticas que permite conocer los consumos y las salidas de un cliente. El consumo es la cantidad total de productos o servicios que ha comprado un cliente, lo que ha facturado en un periodo de tiempo. Las salidas son las transacciones o las ventas realizadas al cliente.

👁 EJEMPLO

Dos clientes, A y B, tienen cada uno un consumo de 10.000 €. El cliente A tiene una única salida o factura de 10.000 €, mientras que el cliente B tiene cuatro salidas o facturas por importe de 2.000, 3.000, 1.000 y 4.000 €.

Estas estadísticas permiten conocer qué clientes compran o facturan a nuestra empresa más o menos, qué clientes repiten y con qué frecuencia, y los importes del proceso de compra. Es una información bastante útil para tomar decisiones en cuanto a las estrategias de fidelización de clientes. No hay que olvidar que, al conocer los nombres de los clientes o consumidores, se pueden lanzar campañas específicas para ellos.

👁 EJEMPLO

Una empresa lista todos aquellos clientes que han facturado menos de 20.000 € en el primer trimestre del año, y lanza una campaña donde aplican un 15 % de descuento para todas las compras realizadas antes del 30 de junio (2º trimestre). Al tratarse de una campaña personalizada, no válida para todos los clientes, se les envía por *e-mail,* por SMS o por mensaje de *WhatsApp* u otra vía personal.

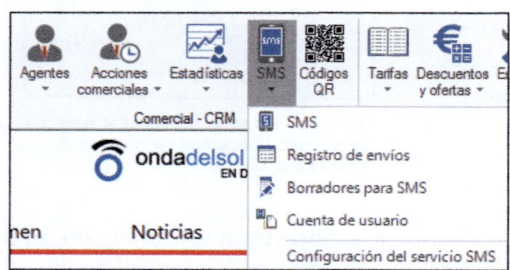

En el botón de SMS, dentro del CRM, aparece un desplegable de opciones.

En la imagen superior se visualiza que en el botón de **SMS** aparece un desplegable con **opciones** de:

- **SMS.** Esta opción permite asignar los destinatarios a quienes enviar el mensaje, redactar el texto del mismo, indicar un remitente, programar la fecha y la hora del envío del mensaje e indicar una descripción interna y un código para grabar el mensaje en el *software.*

- **Registro de envíos.** Muestra un registro de los mensajes enviados, mostrando a qué destinatarios, en qué fecha y qué hora, y qué mensaje se ha enviado.

- **Borradores para SMS.** Permite grabar mensajes en borradores. Estos mensajes no son enviados al momento, sino que están pendientes de revisión y/o redacción.

- **Cuenta de usuario.** Es un formulario para enviar al proveedor del servidor, en este caso Factusol, para que den de alta a la empresa para poder utilizar este servicio de mensajería SMS.

- **Configuración del servicio SMS.** Aquí aparece una información que facilita el proveedor del servidor Factusol a la empresa usuaria.

Esta ventana se abre al clicar sobre el QR.

Por último, en el QR se abre una ventana desde la que se pueden generar diferentes códigos QR, que se pueden guardar en un archivo. Al generar cada código QR hay que indicar la dirección URL donde queramos que el consumidor consulte: una página web, un blog corporativo, un perfil de una red social, etc.

Estos programas de gestión —y, más en concreto, el CRM— son bastante útiles cuando necesitamos los datos de la clientela para vender el producto o servicio; es decir, cuando se necesita el nombre del titular del producto o servicio para poder venderlo: vehículos, viviendas, servicios de telefonía, seguros, viajes, etc.

Sin embargo, existen otros productos donde no es necesario registrar los datos del cliente en el proceso de compraventa: ropa, alimentación, papelería, juguetería, ferretería, etc. En este caso, al cliente se le entrega el producto una vez ha pagado y no es necesario que nos dé su nombre.

NOTA

En la actualidad, la gran mayoría de los consumidores pagan con tarjetas bancarias de plástico, *contactless* y/o el móvil, *Bizum,* etc. Todas las transacciones bancarias quedan ligadas a una cuenta bancaria, una numeración de tarjeta o un teléfono móvil. Según el *software* y la tecnología utilizada, esos datos quedan grabados de alguna manera, ligados a un *ticket* de compra o a una transacción. Sin embargo, el consumidor que paga en efectivo no deja ningún dato a analizar.

2.2. El CRM gestionado desde las TIC

Sin embargo, la venta *online* no permite la venta sin registro del cliente, por varios **motivos:**

La contratación de servicios es nominativa
- Por ejemplo, el cliente contrata un seguro de hogar.

La reserva de servicios es nominativa
- Por ejemplo, el cliente reserva una noche de hotel. Puede pagar en el hotel en efectivo, pero se necesitan datos para la reserva.

La compra de productos la realiza el destinatario
- En este caso, para recibirlos se requiere o pago *online* o pago contra reembolso (que puede ser en efectivo). En ambos casos, se necesitan los datos del cliente para enviarle los productos.

En conclusión, en la compraventa *online* siempre se necesitan datos del cliente. Esto supone una gran ventaja para el CRM, ya que se obtienen datos de absolutamente todos y cada uno de los clientes. Por eso, se debe aprovechar esta gran ventaja para realizar labores comerciales y de *marketing* directo y personalizado. Se pueden analizar los gustos, las preferencias, el poder adquisitivo o el gasto, las franjas horarias o los días de compra, etc.

Las campañas masivas pueden ser válidas en algunos momentos, pero resultan caras y no llegan a todo el *target* o público objetivo. El *marketing* directo es más barato y está focalizado en aquellos clientes que gustan de nuestra marca y de sus productos o servicios.

Antes de continuar hablando de las TIC, debemos diferenciar dos **tipos de tecnologías:**

Las tecnologías disruptivas	Las tecnologías emergentes
- Son las que han impactado de manera relevante en el mercado; incluso han desplazado o sustituido a otras ya existentes. Por ejemplo, los móviles o las redes sociales.	- Son aquellas que están en sus primeras etapas, con el propósito de impactar de manera relevante en el mercado. Por ejemplo, la inteligencia artificial, la biotecnología o la nanotecnología.

Podemos decir que lo único que las diferencia es la fase en la que se encuentran en el mercado. Es decir, cuando están en las fases iniciales hablamos de tecnologías emergentes, y cuando ya se han instalado en el mercado las llamamos tecnologías disruptivas. Además, se debe tener en cuenta que, en la mejora continua de la calidad, todo es mejorable. De ahí que en el argot hablemos indistintamente de unas o de otras.

Por tanto, estas **tecnologías emergentes o disruptivas** desde las que se gestiona el CRM son:

- **Big data.** Análisis de grandes volúmenes de datos. Sirve para detectar patrones de comportamiento o repetición.
  Por ejemplo, una cadena grande de supermercados puede analizar comportamientos de compra de los consumidores; productos más o menos vendidos, importes de los *tickets* o transacciones de compraventa, días u horas de mayor o menor demanda, etc.
- **Inteligencia artificial.** Es un sistema que lleva a cabo tareas que se consideran inteligentes o equiparables a la inteligencia. Antes de su existencia, el usuario debía hacer una búsqueda en un buscador y, posteriormente, seleccionar la información visitando varios enlaces. La

IA selecciona previamente esa información de todo internet y ofrece un resultado ya preseleccionado como una única respuesta o resultado. Por eso, a la IA se le pueden pedir textos, fotos, vídeos, etc.

Por ejemplo, gracias a la IA, en una página web se puede diseñar un *chatbot* para responder las preguntas más frecuentes de los usuarios. Una vez que se conocen las preguntas más frecuentes, se puede ofrecer esta información de antemano.

⇒ **IoT** *(internet of things)* o **internet de las cosas.** Existen muchos productos que se componen de un *software* para su óptimo funcionamiento. El CRM puede ofrecer sugerencias a los usuarios.

Por ejemplo, una nevera inteligente, sabiendo los productos que hay dentro del frigorífico, puede ofrecer recetas que se puedan realizar con dichos ingredientes; realizar menús saludables semanales, quincenales o mensuales; puede sugerir una lista de la compra en base a lo que falta según el consumo habitual del usuario; etc.

Otro ejemplo son las aplicaciones deportivas, que miden los pasos que ha caminado el individuo, las calorías quemadas, proponen ejercicios para perder peso, etc.

⇒ *Blockchain.* El *blockchain* es un sistema de seguridad. Es un sistema de tratamiento de datos en bloque. Es muy utilizado en el sector bancario y financiero, pero lo usan muchas webs en los procesos de pago de los compradores.

Por ejemplo, el comprador A tiene que pagar al vendedor B.

La transacción se representa en la red como un conjunto de bloques; el bloque A (titular de la tarjeta, datos de la misma, importe a pagar, etc.) y el bloque B (titular de la cuenta receptora, datos, importe a cobrar, etc.).

El conjunto de bloques de datos se transmite a todas las partes involucradas; en este caso, a emisor A y a receptor B.

Ambos aprueban la transacción como válida.

Se genera otro bloque con los consentimientos de ambas partes (entidades bancarias de ambos). Se añade al resto del conjunto de bloques de datos. Se mueve el dinero desde la cuenta de A hacia la cuenta de B.

⇒ **Realidad aumentada.** Consiste en ofrecer una realidad en aumento. Es decir, a la imagen real se le añaden datos. Se puede capturar un producto y que un dispositivo tecnológico proporcione información acerca de los atributos y del funcionamiento del mismo.

Por ejemplo, una aplicación desde el móvil permite ver una calle de una ciudad y obtener información de esa calle: tiendas, restaurantes, museos, etc. Esta aplicación puede ser muy útil en el sector turístico para los viajeros.

⇒ **Realidad virtual.** Consiste en crear un escenario o entorno que parezca real, pero no lo es. Es decir, en la realidad virtual se sustituye la realidad o escenario real.

Por ejemplo, la realidad virtual es muy relevante en el sector de los videojuegos.

PARA SABER MÁS

En el siguiente enlace, puedes leer una noticia en el que se explica cómo la Galería de los Uffizi, en Florencia, recurre a un algoritmo, gracias al *big data*, para combatir las largas colas de espera de acceso al recurso turístico.

Accede desde aquí:

https://redirectoronline.com/adgg017po0201

 ACTIVIDAD COMPLEMENTARIA

2. Visualiza el siguiente vídeo, llamado *¿Por qué me vigilan, si no soy nadie?* En él se dan unos ejemplos de fuentes de donde provienen los datos, y qué tipo de información se puede obtener gracias al *big data*. ¿Cuáles son las fuentes de donde provienen los datos según el vídeo, y qué tipo de información puede obtener un supermercado gracias a las tarjetas de puntos?

https://redirectoronline.com/adgg017po0202

3. Tipos de CRM

 HILO CONDUCTOR

Una vez que Carlos, el gerente de Papelería Digital, ha aprendido bien el concepto de CRM, debe diferenciar los tipos de CRM existentes, para saber cuál es el más adecuado y efectivo para aplicar en su negocio. Así que Carlos va a aprender los distintos tipos de CRM.

El CRM o gestión de la relación con el cliente puede ser de varios **tipos,** dependiendo de las funciones que desarrolle:

- **CRM operacional.** Sirve para automatizar acciones de *marketing,* de ventas y de servicio posventa.
  Ejemplo: una empresa utiliza el CRM operacional para registrar las llamadas y *e-mails* de clientes, y para hacer seguimiento de oportunidades en base a ello.
- **CRM analítico.** Se utiliza para analizar datos, obtener patrones de compra y predecir necesidades o acciones de compra de los clientes.
  Ejemplo: grandes tiendas de ropa analizan qué productos son más o menos vendidos. En base a ello, pueden segmentar el mercado y ofrecer productos para satisfacer las necesidades de los consumidores.
- **CRM colaborativo.** Conecta departamentos, canales y empresas para que todos tengan acceso a la misma información.
  Ejemplo: un hotel puede permitir el acceso al CRM de todos los departamentos que forman el hotel: recepción, pisos, restaurante, bares, mantenimiento, animación, etc.
- **CRM social.** Se trata de integrar todas las redes sociales para escuchar al cliente y poder atenderle dando respuesta a su comentario o solicitud.
  Ejemplo: una empresa integra el CRM para poder monitorear los comentarios en sus perfiles de *Facebook, Instagram, TikTok* y *Threads.*

4. CRM y fidelización del cliente

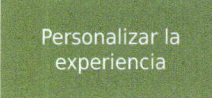 **HILO CONDUCTOR**

Carlos sabe que el doble objetivo del CRM es la fidelización del cliente y la acción comercial. Ambas cosas faltan en su negocio *online*. En la tienda física no tiene tanto problema, porque muchos clientes ya le conocían de su trabajo anterior, y la amabilidad de su personal y el buen servicio que prestan en el proceso de compraventa son factores bastante influyentes para que los clientes repitan compra, además de la calidad de sus productos. Sin embargo, Carlos no tiene tan claro cómo gestionar la fidelización del cliente en el entorno *online*. Como él dice, son clientes que "no se ven" y, al no tener contacto directo con ellos, no sabe por qué repiten o no la compra. Así que tiene que averiguar cómo manejar el CRM para fidelizar a la clientela.

La fidelización del cliente es muy importante en una empresa porque es más rentable provocar que el cliente repita el proceso de compra y mantener una relación a largo plazo con la empresa. Captar nuevos clientes implica una inversión elevada en publicidad y *marketing.*

El CRM desempeña un **papel** muy importante porque **permite:**

Personalizar la experiencia	Diseñar programas de fidelización efectivos	Establecer una comunicación proactiva

4.1. Personalización de la experiencia

El CRM acumula y organiza datos acerca del comportamiento del cliente: el historial de las compras realizadas (productos, importes, cantidades, etc.), las interacciones previas, la navegación en la página web y/o en la *app,* la participación en las redes sociales, etc. Esto permite que la empresa pueda crear y ofrecer experiencias bastante personalizadas o adaptadas al cliente, ya que el CRM le permite conocer sus necesidades y preferencias. Las **estrategias para personalizar la experiencia** son:

Uso del historial de compras y preferencias	Envío de ofertas adaptadas al cliente
- La información que este historial permite conocer sobre el cliente es la relativa a qué productos consume más, la frecuencia de las compras, en qué fechas compra, etc. - **Ejemplo:** una papelería, sabiendo que el cliente suele comprar en septiembre el material escolar, se anticipa en agosto con una campaña de "vuelta al cole".	- Con los datos que ofrece el CRM se pueden enviar ofertas personalizadas, descuentos segmentados o recomendaciones automáticas. - **Ejemplo:** una tienda de móviles, sabiendo que el cliente adquiere únicamente el móvil como producto, puede ofrecer la venta cruzada o *cross-selling*, ofreciendo, además, fundas, cargadores, protectores de pantalla, soportes, etc.

 IMPORTANTE

Las estrategias de personalización de la experiencia deben hacer sentir único al cliente. El consumidor debe percibir que la empresa piensa en él y que entiende sus necesidades y gustos.

4.2. Diseño de programas de fidelización efectivos

Otra manera de mantener la interactividad de los clientes con la marca con el fin de que repitan compra y de que la relación perdure en el tiempo es la **entrega de diversos beneficios,** como los siguientes:

- **Puntos.** Cada compra se transforma en una cantidad de puntos que, posteriormente, el cliente podrá canjear por artículos o por descuentos. Por ejemplo, en una tienda, por cada € de compra, el cliente consigue 1 punto. Cada 100 puntos (es decir, cada 100 €) obtiene un 10 % de descuento en la siguiente compra.
- **Descuentos.** El sistema puede generar un cupón de descuento o aplicar un descuento cuando el cliente ha alcanzado un hito o logro de compra. Por ejemplo, si la compra del cliente supera los 80 €, se le aplica un 10 % de descuento en la misma compra actual. O si la compra supera el importe de 60 €, el cliente obtendrá un cupón o código de descuento para una compra posterior.

➲ **Otros beneficios VIP.** Los usuarios que son más activos, es decir, que compran con mayor frecuencia o mayores importes, obtienen beneficios, como recibir ofertas de manera anticipada, envíos gratuitos o promociones concretas para ellos.

Por ejemplo, cuando el cliente ha realizado más de 10 compras en 3 meses, a partir de entonces, los gastos de envío son gratuitos.

En este tipo de programas de fidelización es importante que el cliente pueda ver su progreso, es decir, los puntos, descuentos o ventajas que va obteniendo, o cuánto le falta para alcanzar dichas recompensas.

Si, además, se desea gamificar este tipo de recompensas, se pueden establecer niveles para que el usuario, al ir ascendiendo, vaya obteniendo mayores recompensas.

4.3. Establecimiento de una comunicación proactiva

Tanto la personalización de la experiencia como los programas de fidelización deben ir acompañados de una comunicación proactiva, esto es, una comunicación que sea cercana y constante, sin llegar a ser abusiva, agresiva y agotadora para el cliente.

La comunicación proactiva y efectiva implica que hay que adelantarse a las necesidades del cliente. La empresa es quien debe dar el primer paso. Las **estrategias de una comunicación digital proactiva** son:

Notificaciones *push*
- Consiste en el envío de avisos o alertas sobre ofertas limitadas, reposición o llegada de productos o seguimiento de pedidos.

Recordatorios automáticos
- Consiste en recordar al cliente información que ya le ha llegado previamente, como fechas límite de ofertas o fechas para recoger el pedido, etc.

Continúa en página siguiente >>

<< Viene de página anterior

Mensajes de cumpleaños y otras fechas especiales
- Los programas de CRM posibilitan la automatización de mensajes para felicitar cumpleaños, aniversarios de bodas, onomásticas, etc. Se aprovechan esos mensajes para "regalar" un descuento en su próxima compra, o en las compras que realice ese mes, etc. No hay que olvidar que la obtención y la gestión de datos personales está regulada por normativa y solo se podrán aplicar estas estrategias bajo el consentimiento del cliente.

Recomendaciones personalizadas
- A partir del historial de compra del cliente, la empresa se puede adelantar a hacer recomendaciones de productos.
- A diferencia de la personalización de la experiencia, en este caso la empresa "se adelanta" por el conocimiento del lanzamiento de un producto. En la personalización de la experiencia se ofrecen productos ya existentes que se ajustan a sus gustos y preferencias.

 APLICACIÓN PRÁCTICA

Carlos, el gerente de Papelería Digital, gracias al CRM sabe qué clientes adquirieron libros de texto y a qué nivel educativo correspondían. Llega junio y envía el siguiente mensaje tipo al correo electrónico del cliente, adjuntando un enlace llamado "Cuadernos de repaso":

"Hola Lucía, queremos acompañarte en el aprendizaje de tu hijo/a. Para que pueda reforzar los conocimientos de 1º de Primaria, te recomendamos nuestros cuadernos de repaso diseñados para consolidar lo aprendido de forma práctica y motivadora. Además, encontrarás juegos educativos y fichas interactivas que harán más ameno el estudio. Estamos aquí para ayudarte a que la experiencia de aprendizaje sea más positiva y enriquecedora".

¿A qué tipo de estrategia de comunicación digital proactiva crees que pertenece este tipo de mensaje?

Continúa en página siguiente >>

<< Viene de página anterior

Solución

El mensaje pertenece a las recomendaciones personalizadas.

Las recomendaciones personalizadas se producen por el historial de compras; en este caso, saben que el cliente adquirió libros de texto de 1º de Primaria al iniciar el curso escolar. Sin embargo, las notificaciones *push* son avisos o alertas sobre ofertas limitadas, productos o seguimiento de pedidos. Los recordatorios automáticos hacen referencia a una información previa; y los mensajes de cumpleaños u otras fechas sirven para felicitar el evento en cuestión.

---

5. CRM y acción comercial

👉 HILO CONDUCTOR

Carlos, el gerente de Papelería Digital, controla bastante sobre acción comercial en la tienda física, pero no tanto en la tienda web. Debe indagar acerca de conocimientos de acción comercial digital y cómo aplicarla teniendo en cuenta el CRM que puede aplicar en sus sistemas.

Otro de los objetivos del CRM es tomar acción comercial. La acción comercial es todo aquello que interviene en el proceso desde que el cliente toma contacto o interés con la empresa hasta que culmina en un proceso de compra. Es decir, el proceso desde la captación hasta el cierre de la venta. En el ámbito digital, la gamificación es un aspecto importante para la motivación. Las **acciones comerciales** en el ámbito digital que más se aplican gracias al CRM son:

Captación de *leads*	Segmentación de campañas	Seguimiento y cierre de ventas

5.1. Captación de *leads*

Un cliente potencial es todo aquel que es susceptible de ser cliente para una empresa. En principio, todas las personas somos clientes potenciales para las empresas, ya que existe la posibilidad de que en el futuro compremos un producto o servicio. Sin embargo, el *lead* es el cliente potencial *online,* aquel que ha mostrado, de alguna manera, interés en la empresa, bien visitando la página web, bien comentando en el perfil de la red social, etc. En internet, estos *leads* dejan alguna forma de contacto o localización, básicamente su perfil de red social, por ejemplo. Una de las acciones comerciales de la empresa es la adquisición de los datos de contacto básicos de estos *leads,* como pueden ser el número de un teléfono móvil o la dirección del correo electrónico. Estos datos son suficientes para entablar una relación comercial mediante el envío de mensajes con ofertas y/o publicidad.

Para la **captación de *leads*** se utilizan las siguientes **herramientas:**

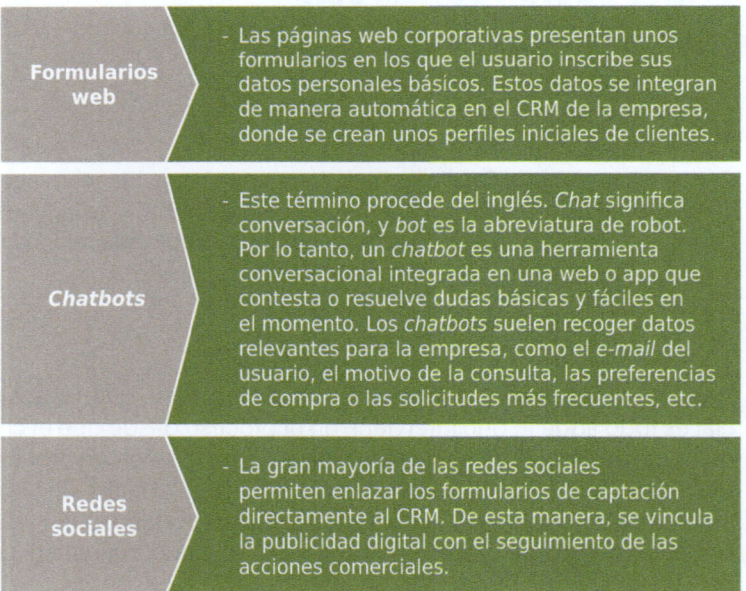

Formularios web
- Las páginas web corporativas presentan unos formularios en los que el usuario inscribe sus datos personales básicos. Estos datos se integran de manera automática en el CRM de la empresa, donde se crean unos perfiles iniciales de clientes.

Chatbots
- Este término procede del inglés. *Chat* significa conversación, y *bot* es la abreviatura de robot. Por lo tanto, un *chatbot* es una herramienta conversacional integrada en una web o app que contesta o resuelve dudas básicas y fáciles en el momento. Los *chatbots* suelen recoger datos relevantes para la empresa, como el *e-mail* del usuario, el motivo de la consulta, las preferencias de compra o las solicitudes más frecuentes, etc.

Redes sociales
- La gran mayoría de las redes sociales permiten enlazar los formularios de captación directamente al CRM. De esta manera, se vincula la publicidad digital con el seguimiento de las acciones comerciales.

5.2. Segmentación de campañas

Una vez que los clientes potenciales o *leads* han sido captados, hay que clasificar o segmentar esta demanda. Así, se les enviarán mensajes u ofertas personalizadas, lo cual será más efectivo. De lo contrario, el hecho de enviar mensajes de manera indiscriminada a todos los usuarios se acaba convirtiendo en *spam,* correo basura o correo no deseado, que el cliente elimina sin abrir y sin leer, y manda de manera automática a la papelera o a la bandeja de elementos eliminados. Los **criterios para segmentar** la demanda digital son los siguientes:

- **Hábitos de compra.** El CRM permite saber qué productos compra cada cliente, con qué frecuencia compra, y en qué épocas del año, días de la semana o franjas horarias lo hace.
  Ejemplo: una empresa sabe que sus clientes internautas compran o consultan más los viernes y sábados. Pueden lanzar ofertas o comunicaciones esos días de la semana.
- **Ubicación.** La geolocalización de las compras o consultas permite realizar campañas adaptadas a dicha geolocalización, y permite lanzar ofertas por festividades locales, regionales o nacionales.
  Ejemplo: una agencia de viajes virtual puede lanzar una oferta de un paquete turístico aprovechando un puente festivo de la Comunidad Autónoma de Castilla-La Mancha para los clientes que compran o consultan desde esa comunidad autónoma.
- **Intereses.** Gracias a las interacciones que realiza el cliente en la web, *app* o redes sociales, se pueden conocer las preferencias, gustos y necesidades del usuario, y así enfocar las campañas a esos nichos de mercado más específicos.
  Ejemplo: un hotel *only adults,* donde no admiten el alojamiento de niños, puede lanzar una oferta a las personas que, en sus comentarios u opiniones, manifiestan que no tienen hijos o que no les gustan los niños, y a aquellas personas que buscan destinos con tranquilidad y relax para pasar unas vacaciones en paz.

 TAREA 2

Papelería Digital ha captado 500 nuevos leads durante el mes de mayo gracias a su formulario web y a un sorteo en redes sociales. Al analizar su base de datos en el CRM, detecta y concluye lo siguiente:

- 200 clientes compran material escolar principalmente en agosto y septiembre.
- 150 clientes han adquirido productos de manualidades en los últimos tres meses.

Continúa en página siguiente >>

<< Viene de página anterior

- 100 clientes son de Andalucía, donde se celebra el inicio de curso escolar con actividades en septiembre.
- 50 clientes son estudiantes universitarios que han comprado material de oficina y mochilas en octubre.

Carlos, el gerente, con el fin de evitar el envío masivo de distintos mensajes a todos los clientes, desea diseñar campañas segmentadas para aumentar la conversión, la fidelización y la experiencia del cliente.

Ayuda a Carlos a diseñar las campañas segmentadas para cada grupo de clientes. ¿Por qué es positiva la segmentación? Indica qué tipo de mensaje enviar, cuándo y qué beneficios tendría la segmentación de cada campaña frente al envío masivo.

5.3. Seguimiento y cierre de ventas

El último paso en todo este proceso de acción comercial es que las interacciones del cliente internauta se conviertan en ventas. Aquí se deben tener en cuenta las **herramientas de gestión de oportunidades** del CRM o *pipelines* **de ventas:**

Pipeline de ventas	Alertas automáticas
- Procedente del inglés, *pipeline* significa canal o fuente, de venta en este caso. El *pipeline* de ventas es un sistema visual que organiza las oportunidades en las diferentes etapas del proceso de interactividad del cliente. Por ejemplo, contacto inicial, negociación, propuesta enviada, cierre exitoso. Esto ayuda a que los vendedores puedan hacer el seguimiento e incentivar al cierre de la operación de compraventa.	- En este caso, las alertas van dirigidas a los vendedores para que hagan llamadas de seguimiento y envío de presupuestos. Se trata de evitar que el proceso se enfríe y caiga en el olvido. Es necesario mantener el proceso activo para que el cliente sea consciente de que se encuentra todavía en el proceso de compraventa y se decida a cerrar la compra.

6. Gamificación aplicada al CRM

☞ HILO CONDUCTOR

Carlos, una vez que ya ha aprendido qué es el CRM y el doble objetivo del mismo, quiere saber cómo gamificar el CRM para que los clientes se sientan atraídos por el sistema y así sean más interactivos a la hora de relacionarse con la empresa de manera *online*. Por tanto, va a investigar cómo gamificar su CRM para alcanzar una mayor cuota de mercado *online*.

El CRM no es un simple almacén o recolector de datos para ser analizados posteriormente. La gamificación es una estrategia para motivar al cliente en la relación con la empresa y que este aporte una información de calidad.

La gamificación es un puente entre la tecnología y la psicología del consumidor. A continuación, vamos a estudiar un poco más en profundidad la gamificación.

6.1. Elementos de juego en el CRM

El término *gamificación* procede del inglés, de la palabra *game,* que significa juego. La estrategia de la gamificación se basa en hacer que la relación entre el cliente y la empresa parezca o simule un juego. Lógicamente, la creatividad es una habilidad vital en el planteamiento de la gamificación. Cuanto más creativa sea la situación planteada para el cliente, mayor interacción existirá entre este y la empresa y el CRM será más óptimo.

Los **elementos** del juego en la gamificación se pueden clasificar en tres categorías:

Mecánicas   Dinámicas   Componentes

Mecánicas

Son los elementos básicos del juego, las reglas o normas, el motor del juego. Es lo que motiva al usuario y le hace obtener recompensas. Las **mecánicas más habituales** son:

- **Obtención de puntos o similar.** Se pueden obtener puntos o dinero ficticio o virtual. Esta recompensa se obtiene por haber realizado de manera exitosa una acción.
- **Ascenso de niveles.** No solo se trata de obtener puntos por obtener y que queden en un saco, sino que, conforme se van obteniendo más puntos o dinero, el usuario asciende de nivel o pantalla. De este modo, se diferencia a los usuarios según son más o menos ricos en puntos.
- **Obtención de insignias.** La insignia es un icono o símbolo que consigue por haber logrado una tarea o habilidad.
- **Visualización en tableros de líderes.** En ocasiones, y según sea la creatividad del juego, los usuarios pueden verse en pódiums (quienes alcanzan los tres primeros puestos: oro, plata, bronce) o en tableros de rankings (donde se visualiza a los 10, 20, 50 primeros de la lista, que son los que más puntos, insignias o recompensas han obtenido).
- **Superación de desafíos.** Son pequeños desafíos, retos u objetivos que el usuario debe alcanzar para seguir avanzando a lo largo del proceso para subir de nivel u obtener recompensas.

Dinámicas

Estos elementos pretenden dar contexto al juego, plantear una situación relacionada con la motivación para aumentar la experiencia. Las dinámicas pueden ser más complejas que las mecánicas y sirven para aumentar la interacción y la motivación del usuario. Las **dinámicas más habituales** son:

- **Narrativa.** Consiste en contar una historia para situar al cliente en un contexto y que sepa en qué consiste el juego o actividad, quiénes son otros personajes participantes o intervinientes, cuáles son los objetivos finales a perseguir, etc.
- **Progresión.** Consiste en contextualizar los diferentes niveles. Es decir, establecer un objetivo final y unos objetivos o fases intermedias por las que el usuario debe pasar antes de llegar a alcanzar el objetivo final.
- **Retroalimentación.** Proporcionar comentarios de felicitación o de ánimo conforme al desempeño del usuario. Por ejemplo: "¡Lo lograste!" o "Inténtalo de nuevo".
- **Colaboración.** Fomentar la cooperación o colaboración de otros usuarios para lograr el objetivo.

- **Competencia.** Crear una rivalidad sana entre los usuarios.
- **Recompensa.** Premiar de alguna manera al conseguir el logro.
- **Estatus.** Reconocer al usuario como miembro de una comunidad.
- **Logro.** Satisfacción o realización personal al superar un reto o desafío.
- **Competición.** Comparar los resultados del propio usuario frente a los resultados de los demás.
- **Altruismo.** Ayudar al resto de usuarios sin esperar nada a cambio.

Componentes

Estos elementos no son ni mecánicas ni dinámicas. Son ideas. Los **componentes más habituales** son:

6.2. Beneficios de la gamificación en el CRM

Los **beneficios** que la gamificación aporta al CRM son:

> **Mayor *engagement***
> - En español, mayor compromiso. Los clientes, además de comprar, interactúan como si la empresa fuese un espacio de una comunidad, no exclusivamente como un proveedor.

Continúa en página siguiente >>

<< Viene de página anterior

Mejor calidad de datos
- Al tratarse de un juego, los clientes aportan más datos de manera voluntaria y, a veces, sin darse cuenta. No es lo mismo que preguntarle los datos al cliente en un cuestionario, lo cual puede parecerle un poco invasivo. Mediante el juego o la gamificación el cliente aporta información sobre sus hábitos, sus gustos y preferencias, etc. Preguntar directamente al cliente sobre sus hábitos de compra o de consulta en la web, o sobre sus gustos y preferencias respecto a productos y servicios, puede ser visto como un acto de intromisión y el cliente puede negarse a contestar o contestar respuestas falsas por no querer proporcionar la información real.

Participación activa y fidelización
- Gracias a la gamificación, el cliente aprecia que hay una relación dinámica, divertida y constante con la empresa. No se trata de un conjunto de transacciones aisladas y numeradas una detrás de otra.

7. Resumen

El CRM *(customer relationship management)* es la gestión de la relación entre la empresa y el cliente. Esta gestión tiene dos enfoques: uno como estrategia y otro como herramienta tecnológica. El CRM tiene dos objetivos principales, como son la fidelización de clientes y la acción comercial.

Como herramienta tecnológica, el CRM se puede gestionar desde un *software* de gestión o desde las TIC o tecnologías de la información y la comunicación.

Como *software* de gestión, la mayoría de programas presentan las opciones de CRM en las pestañas relacionadas con las ventas.

Existen dos tipos de tecnologías: las disruptivas (que impactan en el mercado) y las emergentes (que se desarrollan en el mercado). En realidad, primero una tecnología es emergente y, posteriormente, o poco a poco, impacta en el mercado. Por eso en el argot hablamos indistintamente de unas y otras. Las tecnologías emergentes o disruptivas desde las que se gestiona el CRM son:

Por otra parte, existen varios tipos de CRM, como el operacional, el analítico, el colaborativo y el social. El CRM permite:

- Personalizar la experiencia.
- Diseñar programas de fidelización efectivos.
- Establecer una comunicación proactiva.

En el ámbito digital, las **acciones comerciales** más aplicadas son:

- Captación de *leads*
- Segmentación de campañas
- Seguimiento y cierre de ventas

Los elementos de juego en la gamificación aplicada al CRM se agrupan en tres categorías: mecánicas, dinámicas y componentes.

Las mecánicas que se aplican de manera más habitual son:

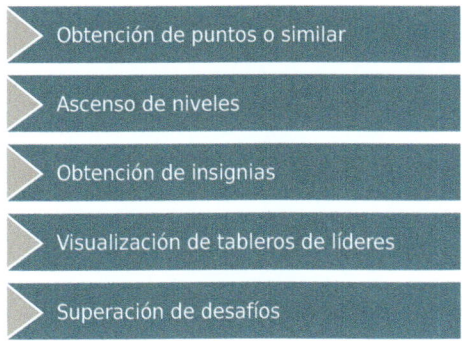

Las dinámicas más habituales son:

Los componentes van a depender mucho de la imaginación y creatividad a la hora de diseñar el juego o la actividad interactiva.

La gamificación aporta varios beneficios al CRM, como son un mayor *engagement*, una mejor calidad de datos y una participación activa y fidelización.

Ejercicios de autoevaluación
Unidad de Aprendizaje 2

1. ¿Qué significa la abreviatura CRM?

    a. *Customer relationship marketing*
    b. *Customer relationship management*
    c. *Client resource management*
    d. *Commercial resource marketing*

2. ¿Cuál de las siguientes no es una función principal de un CRM?

    a. Gestionar la relación con los clientes.
    b. Almacenar información de interacciones comerciales.
    c. Diseñar el logotipo de la empresa.
    d. Analizar hábitos de compra.

3. Indica si la siguiente oración es verdadera o falsa: "Un CRM solo sirve para grandes empresas, no para pequeños negocios".

    ■ Verdadero
    ■ Falso

4. En una papelería digital, ¿qué acción corresponde al uso de un CRM para fidelizar clientes?

    a. Crear un catálogo impreso genérico para todo el mercado.
    b. Enviar ofertas personalizadas según el historial de compras de cada cliente.
    c. Rebajar precios en todos los productos de manera indiscriminada.
    d. Expandirse mediante la apertura de nuevas tiendas físicas en varias localidades.

5. ¿Qué ventaja aporta la segmentación de clientes mediante CRM?

    a. Aumentar la producción en fábrica: cuanto más se vende, más se fabrica.
    b. Enviar mensajes más relevantes según los intereses de cada cliente.

    c. Reducir la cantidad de datos almacenados.

    d. Sustituir completamente el servicio humano de atención al cliente.

6. **Indica si la siguiente oración es verdadera o falsa: "El CRM permite integrar canales de comunicación, como redes sociales, *e-mail* o *chatbots".***

    ■ Verdadero

    ■ Falso

7. **¿Cuál de los siguientes ejemplos representa la gamificación dentro de un CRM?**

    a. Aplicar descuentos generales en toda la tienda.

    b. Ofrecer un sistema de puntos y logros por compras repetidas y frecuentes.

    c. Eliminar la atención personalizada.

    d. Publicar el catálogo en formato PDF y/o papel.

8. **Indica si la siguiente oración es verdadera o falsa: "Los programas de fidelización gestionados por CRM pueden almacenar puntos, descuentos o beneficios de cada cliente".**

    ■ Verdadero

    ■ Falso

9. **Indica si la siguiente oración es verdadera o falsa: "El objetivo del CRM es únicamente vender más, sin importar la satisfacción del cliente".**

    ■ Verdadero

    ■ Falso

10. **En el contexto de una papelería digital, ¿cuál sería un ejemplo de comunicación digital proactiva a través del CRM?**

    a. Publicar una lista genérica de precios en la web.
    b. Enviar recomendaciones personalizadas de cuadernos de repaso al terminar el curso escolar.
    c. Esperar a que el cliente pregunte anticipadamente por *e-mail,* antes de ofrecerle algo.
    d. No almacenar información sobre las compras previas del cliente.

Business intelligence

Contenido

1. Introducción
2. Fundamentos del *business intelligence*
3. *Business intelligence* y estrategia comercial
4. Resumen

Objetivos

El objetivo general de esta Unidad de Aprendizaje es:

→ Introducir el concepto de *business intelligence* en el mercado empresarial, como disciplina para la toma de decisiones.

Los objetivos específicos de esta Unidad de Aprendizaje:

→ Definir el concepto de *business intelligence* y explicar su papel en la transformación de datos en información útil para la toma de decisiones.

→ Conocer el fundamento básico del *business intelligence*.

→ Diferenciar los conceptos de *business intelligence, big data* y analítica avanzada o *data science*.

→ Describir las fases del ciclo de vida del BI y la función de los actores implicados en el proceso.

→ Conocer la relación entre BI y estrategia comercial.

→ Aplicar la segmentación de clientes basada en datos para mejorar la personalización de las acciones comerciales.

→ Identificar a los clientes de mayor valor mediante el uso del CLV o *customer lifetime value*.

1. Introducción

El *business intelligence* es una disciplina que se ha instaurado en las empresas para estudiar los grandes volúmenes de datos, concluir la información que nos aportan y tomar las decisiones empresariales oportunas. No se trata solo de una o varias herramientas tecnológicas, sino que se trata de una disciplina, es decir, de un conjunto de procesos, metodologías, tecnologías y soluciones que permiten recoger datos, analizarlos y presentarlos en un informe para poder tomar decisiones empresariales de estrategias de ventas, *marketing,* recursos humanos, etc.

En la actualidad, la recopilación de datos es constante. Hemos de tener en cuenta que un dato puede ser un texto, una imagen, un vídeo, un audio, etc. Por tanto, tener la capacidad de analizarlos y convertirlos en valor estratégico es lo que va a hacer que la empresa sea competente y líder en el mercado actual.

Hace unas décadas, el *business intelligence* se limitaba a reportes estáticos que presentaban datos pasados, es decir, desde una perspectiva del pasado. Sin embargo, cada vez han sido necesarias más rapidez y profundidad en esos análisis, lo que ha dado lugar a la analítica avanzada que permite simular, predecir y recomendar en tiempo real.

Gracias al *business intelligence* se pueden identificar patrones de consumo, tasas de abandono, personalizar ofertas y diseñar estrategias efectivas. El cliente ha pasado de ser un simple número a ser un individuo con gustos, necesidades y expectativas dinámicas, y su satisfacción depende de una acertada interpretación de la información que nos provee.

Para hablar del *business intelligence* (BI) a lo largo de la presente unidad, vamos a continuar con el caso de la Papelería Digital. Recordemos que es una papelería dedicada a la venta de productos de material escolar y de oficina ubicada en un local de 1.000 m^2, en el centro de una ciudad de unos 100.000 habitantes. Vende productos vía tienda física y página web, tanto a particulares como a empresas.

2. Fundamentos del *business intelligence*

 ### HILO CONDUCTOR

Una vez que Carlos, el gerente de Papelería Digital, ha aprendido acerca de los nuevos modelos comerciales y de la utilidad del CRM, ahora tiene que aprender sobre otro concepto del que también ha escuchado hablar, que es el *business intelligence*. Va a profundizar al respecto, para ver si puede o no aplicarlo a su empresa.

El *business intelligence* es un anglicismo que significa inteligencia de negocios, o inteligencia empresarial. Como la mayoría de los anglicismos en el ámbito empresarial, el término está tan extendido y utilizado que se acepta su uso en el lenguaje.

El *business intelligence* (BI) es una disciplina que engloba el conjunto de procesos, metodologías, tecnologías, herramientas y soluciones que permiten recopilar, depurar, transformar y analizar datos que provienen de diversas fuentes, para convertirlos en información para la toma de decisiones.

2.1. Fundamento básico del BI

El *business intelligence* se apoya en el fundamento básico de que el dato, por sí solo, no sirve para nada. Sin embargo, un conjunto de datos sí se transforma en información. Dicha información puede aportar conocimiento y el conocimiento es el que guía a la acción u omisión, es decir, a tomar la decisión de hacer o no hacer.

 ### EJEMPLO

El número 29200 puede referirse a una cantidad de unidades (euros) o a un código postal español. Sin embargo, el conjunto de datos C/ Cueva de Viera 2, 29200 Antequera (Málaga) se transforma en la información de una dirección

Continúa en página siguiente >>

<< Viene de página anterior

postal. Esto aporta el conocimiento de dónde está situada la persona o empresa destinataria y nos da la guía o el impulso para tomar la decisión de enviarle un paquete.

- -

Por tanto, el BI no solo consiste en recopilar datos, sino también en depurarlos, interpretarlos y utilizarlos de manera estratégica.

Cuando hablamos de una base de datos tipo *Access,* o de una hoja de cálculo tipo *Excel,* en la celda encontramos el dato, mientras que en la fila encontramos el registro o conjunto de datos de un mismo elemento.

cod	Nombre	Apellido 1	Apellido 2	nº de curs	tlf	dni	domicilio	c post	localidad	Provincia	f-nacimie	carnet de cc	Nivel de estudio
2	MANOLO	Escobar	Meilado	158	926213545	5685931-E	c/ Lentejuela	13002	Ciudad Real	Ciudad Real	18/12/1970	☐	BACHILLER
3	Pedro	Fernández	Muñoz	158	926228868	5682868-A	Ctra./ de valdepeñas, 30, 2º F	13004	Ciudad Real	Ciudad Real	22/01/1969	☐	ESO
4	Antonio	Serrano	Trujillo	158	926429551	5924646-R	c/ Goya, 14, 1º A	13500	Daimiel	Ciudad Real	05/03/1968	☐	ESO

Siguiendo con el ejemplo de la imagen, en cada celda encontramos un dato, que por sí solo no dice nada. En cada fila o registro encontramos el conjunto de datos de cada elemento (alumno). En este caso, los datos corresponden a distintos campos, como son un número de código, nombre, apellido primero, apellido segundo, número de curso al que asiste, teléfono, DNI, domicilio, código postal, localidad, provincia, fecha de nacimiento, posesión o no del carnet de conducir y nivel de estudios. Toda la información de un registro nos proporciona un conocimiento acerca del alumno, ya que de un vistazo sabemos en qué curso está inscrito, si tiene o no carnet de conducir, en qué localidad vive, etc. Basándonos en esa información, podemos tomar la decisión de enviar información a todos aquellos que vivan en una localidad concreta y/o que tengan carnet de conducir, por ejemplo.

Podemos concluir que el **fundamento del BI** se basa en las siguientes **fases:**

- **Dato:** es la representación de un hecho real, un valor, un número, una letra, un símbolo, un vídeo, una imagen, un audio, etc. Por sí solo no tiene valor porque no aporta nada.
  Por ejemplo, las empresas, gracias a los CRM u otros programas, pueden recopilar datos, como son el número de ventas, el importe de las ventas, el número de visitas a una página web, el número de seguidores en un perfil social, interacciones en las redes sociales (cantidad de reacciones de "Me gusta" o "No me gusta", cantidad de comentarios, etc.), movimientos financieros, cantidad de quejas de clientes, número de dispositivos conectados en línea, fecha de la compra, edad del cliente, etc. Estos datos simplemente son, pero no aportan nada.

- **Información:** es la organización de los datos y su presentación en un contexto o conjunto.

  Por ejemplo, una ficha de cliente reúne varios datos de esa persona: nombre y apellidos, dirección postal, municipio, provincia, número de teléfono y/o móvil, dirección de correo electrónico, número de compras realizadas, importe de las mismas, etc.

- **Conocimiento:** es la interpretación de la información, la identificación y relación de patrones y sus implicaciones.

  Por ejemplo, gracias a esta ficha de cliente podemos saber que un cliente de 40 años ha realizado tres compras de 75 € en el último trimestre. Podemos concluir que este hecho ha aumentado, mantenido o disminuido la fidelidad del cliente hacia nuestra empresa y, por tanto, responde positivamente o no a las promociones que se le ofrecen.

- **Decisión:** es la actuación de la empresa basándose en ese conocimiento adquirido.

  Por ejemplo, como hemos concluido que el cliente ha aumentado su fidelidad hacia nosotros porque responde positivamente a las campañas ofrecidas, decidimos diseñar ofertas parecidas para mantener y reforzar el vínculo con el cliente.

Este conjunto de fases demuestra que el *business intelligence* no es un fin en sí mismo, sino que es un medio para pasar de datos a acciones comerciales.

TAREA 3

Papelería Digital tiene en su CRM de su programa de gestión la siguiente ficha de cliente, que obtuvo cuando este se registró por primera vez, hace tiempo, en la página web para realizar una compra.

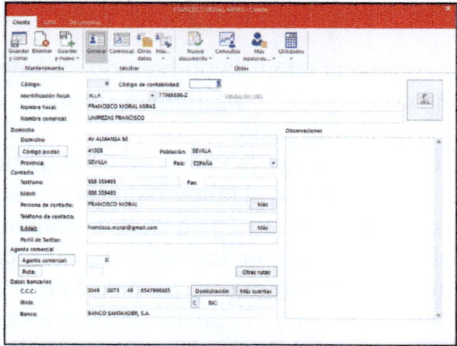

Continúa en página siguiente >>

<< Viene de página anterior

Explica, basándote en esta ficha, las diferentes fases del fundamento básico del *business intelligence*, poniendo un ejemplo de cada fase.

- -

2.2. Diferencia entre *business intelligence, big data* y analítica avanzada

Los conceptos *business intelligence, big data* y analítica avanzada nos pueden llevar a confusión, ya que todos ellos nos hablan del tratamiento y de la gestión de datos. Por eso, vamos a diferenciar estos **conceptos:**

> **Business intelligence (BI)**
> - El *business intelligence* se focaliza en la recopilación y organización de datos, para aportar conocimiento y así tomar decisiones empresariales, principalmente centradas en estrategias comerciales. Está orientado a responder preguntas del tipo: ¿qué ha pasado en la empresa con las ventas?, ¿cómo se comportan estas?, ¿qué clientes han demostrado mayor fidelidad?, etc.

> **Big data**
> - El *big data* hace referencia al tratamiento de un gran volumen de datos que no es posible tratar con las herramientas tradicionales. Estos datos se caracterizan por las 5V: volumen, velocidad, variedad, veracidad y valor. Un ejemplo sería el tratamiento de interacciones en una red social, donde se conecta e interactúa un gran volumen de internautas, donde esa conexión e interactuación es muy veloz, ya que la gente lo hace a golpe de clic conectándose y desconectándose constantemente, donde hay gran variedad de internautas de diferentes procedencias y hábitos de compra, donde algunos perfiles son veraces, pero otros son bots, y donde la interactividad de estos internautas puede aportar valor o no a la empresa.

> **Analítica avanzada (*data science*)**
> - La analítica avanzada o *data science* aplica técnicas estadísticas, algoritmos de aprendizaje automático e inteligencia artificial (IA) para predecir y generar modelos prescriptivos. Además de explicar qué ocurrió en el pasado, permite anticipar qué pasará en el futuro, lo cual permite tomar decisiones adecuadas.

Podríamos concluir, por la función principal de cada uno, que el *business intelligence* está más relacionado con la estrategia empresarial, el *big data* con la recopilación de datos y la analítica avanzada o *data science* con la investigación de mercado o predicción futura. Sin embargo, todos recopilan datos, los analizan, se alcanzan conclusiones y, en consecuencia, se toman decisiones.

 TAREA 4

El Departamento de Marketing de Papelería Digital, en el último mes, ha detectado que un gran número de usuarios entra en la web, permanece menos de 5 segundos y se van, sin consultar ninguna categoría de productos, ni seleccionar ningún artículo para el carrito de la compra.

Gracias al *big data,* han descubierto que el 80 % de los abandonos provienen de usuarios que hicieron clic en un anuncio de "Ofertas para empresas", pero aterrizaron en la página de productos escolares. Esto les genera confusión y se salen de inmediato.

¿Qué conclusión se puede extraer de esta información? ¿Qué decisiones, gracias al BI, puede tomar la papelería para mejorar esa situación?

- -

2.3. El ciclo de vida del *business intelligence*

El proceso del BI consta de distintas **fases en su ciclo de vida,** que son las siguientes:

- ⊃ **Captura de datos.** El primer paso del BI es capturar los datos de todas las fuentes de procedencia. Las fuentes pueden ser el CRM, las redes sociales, la página web, apps móviles, etc.
- ⊃ **Almacenamiento.** Aquí se deben distinguir dos tipos de almacenamiento: el *data warehouse* o almacén estructurado de datos (es decir, aquellos datos que están ordenados bajo diferentes criterios) y el *data lake* o almacén de datos en bruto (es decir, aquellos sin ninguna organización o estructura).
- ⊃ **Procesamiento.** Una vez que los datos están almacenados, hay que limpiarlos y depurarlos, para separar los datos útiles y valiosos de los que no lo son.
- ⊃ **Análisis.** Una vez que obtenemos los datos útiles y valiosos, se pueden aplicar algoritmos para descubrir patrones, correlaciones y tendencias.

⊃ **Visualización.** Analizados los datos, se presentan los resultados o conclusiones en un *dashboard* o pizarra de instrumentos, en un informe interactivo, etc. Es decir, en alguna herramienta que permita a las personas responsables entender en un solo vistazo la situación de la empresa y tomar las decisiones oportunas al respecto.

NOTA

El proceso del BI es un proceso dinámico e iterativo, es decir, está en constante movimiento y resulta una actividad repetitiva, ya que, conforme se van generando datos nuevos, el proceso empieza de nuevo, por lo que el conocimiento va cambiando y, por tanto, la toma de decisiones debe ser firme y rápida.

2.4. Actores involucrados en el *business intelligence*

La optimización del BI no solo depende de la tecnología, sino también de las personas que lo gestionan y lo utilizan. Dentro de una empresa, podemos encontrar diferentes perfiles que utilizan el BI, dependiendo de las funciones que desempeña cada departamento y de los objetivos que persigue. Algunos de estos **perfiles** son los siguientes:

Directivos y gerencia	- Los mandos superiores de una empresa, incluso quienes pertenecen a la Junta Directiva, necesitan tener una visión global del funcionamiento o desempeño de la empresa para poder tomar decisiones sobre la misma. Sus intereses están enfocados en la rentabilidad, la cuota de mercado, la satisfacción del cliente, etc.
Marketing	- Los perfiles que trabajan en este departamento utilizan el BI para segmentar audiencias o mercado, analizar la efectividad y los resultados de las campañas, para encontrar oportunidades de *cross-selling* (venta cruzada) y/o *up-selling* (venta mejorada), y así poder diseñar experiencias personalizadas para cada internauta.

Continúa en página siguiente >>

<< *Viene de página anterior*

Ventas	- Este departamento utiliza el BI para priorizar a los clientes potenciales o *leads*, entender las necesidades de los consumidores y analizar la efectividad de las estrategias comerciales.
Tecnologías de la información y la comunicación (TIC)	- A veces se llama departamento de informática. Se dedican a garantizar la estructura tecnológica, la seguridad de los datos y el correcto funcionamiento de las plataformas, webs y nubes que utiliza la empresa y/o usuario. Gracias al BI pueden detectar errores y tomar decisiones sobre soluciones al respecto.

2.5. Tipos de inteligencia en el BI

Según el propósito específico que persigue el BI, podemos decir que hay diferentes niveles. Por eso, los **tipos de BI** son:

Inteligencia descriptiva	- Su propósito específico es describir los datos. Principalmente es utilizada para describir datos históricos ya pasados. Se puede hacer mediante reportes o indicadores básicos. - Ejemplo: el análisis de datos de las ventas del último trimestre del año anterior, por regiones o áreas. En este caso, el BI solo muestra o expone los datos.
Inteligencia diagnóstica	- El propósito específico es diagnosticar, determinar o establecer el porqué de una situación (pasada o presente). Se pueden utilizar comparaciones entre dos o varios elementos, diferencias o correlaciones entre los mismos y segmentaciones o divisiones. - Ejemplo: gracias al BI se identifica por qué disminuyeron las ventas en el último trimestre. En este caso es porque salió un nuevo competidor al mercado que lanzó sus productos a precios muy bajos. Conociendo este diagnóstico, la empresa podrá tomar decisiones al respecto.

Continúa en página siguiente >>

<< Viene de página anterior

Inteligencia predictiva	- Su propósito es predecir o anticipar acciones o tendencias futuras. Se basa en la estadística y en el *machine learning*. El *machine learning* es una parte de la inteligencia artificial que permite a un programa aprender de los datos, aunque no esté programado específicamente para dicha tarea. - Ejemplo: un programa de BI puede predecir la probabilidad de que un usuario abandone la visita de la página web de la empresa, basándose en la estadística de las visitas realizadas, la duración de las mismas y la finalización o no del proceso de compra.
Inteligencia prescriptiva	- Su propósito es el de proponer o sugerir qué debemos hacer. Para ello, utiliza recomendaciones de situaciones concretas en escenarios simulados. - Ejemplo: el BI puede recomendar realizar una promoción efectiva para retener a los clientes con altos índices de abandono.

Todos estos niveles no son exclusivos ni excluyentes. Por el contrario, son complementarios entre sí. Para gozar de un sistema de BI óptimo es recomendable integrar todos estos tipos de inteligencia en el mismo sistema.

3. *Business intelligence* y estrategia comercial

 HILO CONDUCTOR

Carlos, el gerente de Papelería Digital, ya conoce el concepto y la utilidad del *business intelligence.* Ahora desea aplicarlo para optimizar su estrategia comercial, ya que puede basar sus propias decisiones en datos reales y actuales. Para ello, decide profundizar un poco más en este ámbito.

Años atrás, la mayoría de las empresas basaban su estrategia comercial en datos históricos, es decir, datos de años anteriores, datos de lo que ya había sucedido. De ahí concluían una estadística y, muchas veces, aplicaban la intuición de lo que pasaría en el futuro para establecer sus estrategias empresariales.

Estos datos se obtenían de dos **tipos de fuentes** principales:

Fuentes internas	Fuentes externas
- Son fuentes de información de la propia empresa. A partir de ellas se elaboran estadísticas e informes con datos de sus propios programas de gestión o CRM, cuestionarios de calidad o satisfacción del cliente, formularios de quejas, reclamaciones y sugerencias, etc. - Ejemplo: los cuestionarios de satisfacción nos pueden indicar el grado de satisfacción de los clientes con respecto a nuestros productos o servicios, o con respecto a nuestra marca o empresa.	- Son fuentes de terceros ajenos a la empresa. Son datos de estudios o informes realizados por el INE (Instituto Nacional de Estadística) u otros organismos, grandes empresas, entidades bancarias, universidades, etc. Mayoritariamente tratan datos económicos y sociales de carácter general, que se pueden extrapolar a nuestro sector de actividad. - Ejemplo: según el SEPE, el paro ha aumentado el último trimestre un 25 %. Al haber más personas desempleadas, podemos extrapolar que van a disminuir las ventas (teniendo en cuenta, además, que nos dedicamos a vender productos y servicios de ocio y no de primera necesidad).

Sin embargo, en la actualidad, gracias al BI, los datos están actualizados casi a cada instante. Por lo que no hay que esperar a que un tercero publique un informe. Los datos los obtiene la propia empresa de su propio CRM y del *business intelligence*. Esto hace que se puedan tomar decisiones constantes y continuas, y que se pueda pivotar o cambiar de rumbo si se decide cambiar la estrategia de manera súbita por un cambio en la tendencia del consumidor. El BI permite que la empresa pueda decidir de manera rápida y precisa si detecta cambios en el comportamiento del cliente, de la competencia y del mercado.

IMPORTANTE

Hemos comentado anteriormente que, hoy en día, los productos y servicios superan controles de calidad. Por tanto, el comprador compra algo que es bueno o excelente, que ofrece unos atributos y unas prestaciones capaces de satisfacer sus necesidades. Lo que nos va a diferenciar de la competencia es la experiencia

Continúa en página siguiente >>

<< Viene de página anterior

del cliente, los procesos, los métodos, las técnicas, la comunicación y la relación con el cliente. En resumen, la acción, la estrategia comercial. El BI permite identificar patrones de consumo, eficiencia de las campañas, optimización de precios y las tendencias de la demanda. En este caso, la toma de decisiones se focaliza en decisiones proactivas que se anticipan al comportamiento del consumidor.

Aunque son muchos perfiles dentro de la empresa los que se benefician del BI, los departamentos de ventas y *marketing* son los que mayor provecho sacan.

 ## APLICACIÓN PRÁCTICA

Carlos, el gerente de Papelería Digital, ha detectado que en el último trimestre han disminuido las ventas, ya que los clientes no compran tanto como antes. Esto lo sabe por sus números y por todo lo que lee.

Ayuda a Carlos a señalar cuál de las siguientes fuentes es una fuente interna.

- **Revista especializada del sector de papelería y comercio**
- **Un informe de una entidad bancaria sobre la economía ciudadana del último trimestre**
- **El listado de clientes de su base de datos que refleja el importe de los tickets de compra**
- **Un estudio de una universidad española donde afirman que el poder adquisitivo de la economía familiar ha disminuido en el último año**

Solución

La fuente interna que proporciona información desde dentro de la empresa en el listado de clientes de la propia base de datos del programa de gestión. Además, al reflejar los importes de los *tickets* de compra, se pueden comparar con datos del histórico para saber si los clientes están consumiendo más o menos con respecto al trimestre anterior, o respecto al mismo trimestre del año anterior, etc.

Las fuentes como la revista especializada, la entidad bancaria y la universidad son fuentes externas o ajenas a la empresa.

3.1. La toma de decisiones estratégicas en ventas y *marketing* impulsada por el BI

El BI proporciona información muy valiosa para estos departamentos, como son *leads* (clientes potenciales), conversiones (clientes reales), visitas en la web o en los perfiles sociales, clics en anuncios, apertura de correos electrónicos, compras recurrentes o repetidas, devoluciones, respuesta a encuestas de satisfacción (no todo el mundo las contesta), nivel de satisfacción (de los que sí contestan), etc. Sin embargo, estos datos por sí solos no dicen nada, a menos que se organicen y analicen.

El BI convierte estos datos en KPI *(key performance indicator),* o indicador clave del desempeño. Estos indicadores permiten contestar a las preguntas que la empresa formule como, por ejemplo, qué productos se venden más o menos, en qué periodos hay mayor o menor venta, qué segmentos de clientes generan más o menos beneficios, qué campañas de *marketing* o de ventas generan mayor ROI *(return of investment),* o retorno de la inversión, qué canales de venta son más o menos rentables, etc.

Gracias a los KPI, o indicadores clave del desempeño, el analista puede responder a diferentes preguntas, según los datos que está viendo en un informe.

El conocimiento de los valores tanto al alza como a la baja nos hace tomar decisiones enfocadas al refuerzo o a la eliminación, dependiendo de los objetivos a conseguir.

EJEMPLO

Hemos detectado, gracias al BI, que las rentabilidades de los canales de venta son: presencial 60 %, distribuidores intermediarios 25 % y *online* 15 %. La situación del canal de ventas *online* como el menos rentable nos puede llevar a la toma de decisión de eliminarlo por completo y focalizar esfuerzos e inversión en los otros canales o, por el contrario, centrar el esfuerzo y la inversión en dicho canal para incrementar las ventas *online*.

- -

Al mismo tiempo, el sistema BI permite simular escenarios al reemplazar los datos y ofrecernos el cálculo de las operaciones.

 EJEMPLO

Ante una inversión de 5.000 € en publicidad, obtenemos un ROI de 20.000 €. ¿Qué pasaría si aumentáramos la inversión a 7.000 € o la disminuyéramos a 3.500 €? Calcularía el ROI y, según los resultados, se puede tomar la decisión de aumentar, mantener o disminuir la inversión y en qué cantidad.

- -

Los cálculos de los resultados del BI no siempre responden a operaciones sencillas de proporción directa.

Estas decisiones se toman basándose en datos, minimizando el riesgo y aumentando el impacto de las acciones. Sin el BI, las decisiones se basan en intuiciones, aumentando el riesgo y minimizando el impacto real.

3.2. Segmentación inteligente de clientes con BI

Una de las funciones que se persigue con el BI es la segmentación de mercado. Segmentar es agrupar a los clientes en diferentes categorías según diferentes criterios, como pueden ser los hábitos de compra, la ubicación o los intereses.

Antes de que surgiese el BI, la segmentación se realizaba con criterios muy genéricos: por edad, sexo, ubicación geográfica, etc. Actualmente, gracias a la integración y al cruce de datos —como los CRM o el BI— se puede **segmentar el mercado en nichos o microsegmentos.** Para ello, podemos considerar algunas **variables** como:

- **Frecuencia de la compra.** Con qué periodicidad de tiempo compra el cliente: diariamente, semanalmente, quincenalmente, mensualmente, trimestralmente, anualmente, etc. Sirve para detectar la fidelidad del cliente hacia la empresa, sin olvidar que este dato depende también del tipo de producto o servicio que vendamos.
  Ejemplo: un individuo suele realizar la compra alimenticia a diario, semanal, quincenal o mensualmente. Mientras que una empresa que ofrece servicio de comida puede aumentar su frecuencia. Sin embargo, la compra de un coche se realiza cada varios años (cada 10-15 años aproximadamente), mientras que una empresa puede aumentar la frecuencia de compra (cada 3-4 años).

- **Valor de la compra.** Cuál es el precio de la compra adquirida. Este dato nos puede dar información sobre si el cliente consume productos de gama baja, media o alta o la adquisición de muchos productos en una sola compra.
  Ejemplo: en una tienda de electrodomésticos y tecnología, un cliente compra un teléfono móvil por 200 €, mientras que otro compra una máquina de afeitar por 50 €, una cafetera por 90 € y una batidora por 60 €. Ambas compras o *tickets* son del mismo importe. Mientras uno ha adquirido un solo producto al precio de 200 €, el otro ha adquirido tres productos cuya suma total es de 200 €.

- **Respuesta a promociones anteriores.** Con este dato podemos detectar si las campañas de *marketing* y ventas han dado el resultado esperado, o si nos hemos quedado cerca o alejados del objetivo de dicha campaña.
  Ejemplo: hemos invertido unos 10.000 € en publicidad para la campaña de Navidad, con el objetivo de facturar en el periodo del 01/12-15/01 la cantidad de 100.000 €. Sin embargo, la cantidad facturada realmente ha sido de 60.000 €. Aunque hemos recuperado la inversión, no era lo esperado, por lo que algo ha fallado en la campaña, ya sea el objetivo marcado de inicio, la estrategia u otro factor.

- **Preferencias de comunicación.** Este dato facilita el uso prioritario de un canal u otro por parte del cliente para comprar. Puede ser presencial, *online*, telefónico, correo electrónico, etc.
  Ejemplo: detectamos que las ventas presenciales nos aportan un 70 % de la facturación, mientras que el canal *online* solo aporta el 30 %. Como nuestro objetivo es cerrar la tienda presencial o elegir un local más pequeño con menos costes, tendremos que focalizar nuestros esfuerzos y estrategias en aumentar el canal *online* hasta alcanzar el 100 % o un porcentaje próximo.

● **Nivel de satisfacción o *engagement* de la marca.** Este dato permite conocer si el cliente está satisfecho con nuestro producto o servicio. En el caso del cliente satisfecho, las estrategias irán encaminadas a mantener dicha satisfacción, mientras que, en el caso contrario, los esfuerzos se centrarán en resolver la insatisfacción si conocemos la causa de la misma. Ejemplo: la empresa detecta, gracias al BI, que el cliente realiza una compra cada 20 días, aproximadamente. Por lo que puede concluir que el nivel de satisfacción es alto y sus estrategias deben ir encaminadas a mantener esta satisfacción; en este caso, a mantener la frecuencia de compras.

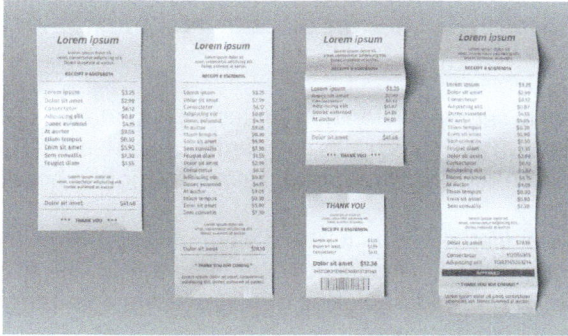

El valor de la compra es una variable para segmentar a los clientes dependiendo de si el gasto que hacen en nuestra empresa es elevado, medio o bajo.

Estas variables expuestas responden casi todas a criterios relacionados con los hábitos de compra. Sin embargo, las variables relacionadas con los intereses son muy variadas, dependiendo del sector o actividad económica en la que se encuentre inmersa la empresa.

◉ EJEMPLO

Antes del BI, los segmentos del mercado turístico eran más generalistas: turismo de sol y playa, turismo cultural, turismo deportivo, etc.

- -

Cuantos más datos obtengamos del cliente, mejor podremos segmentar el mercado. El BI permite comunicarse de manera personalizada con el cliente, ofreciendo lo más adecuado para él.

 **EJEMPLO**

Un cliente asiduo que compra con mucha frecuencia puede recibir recomendaciones sobre productos que, en principio, va a adquirir por su propia satisfacción. Sin embargo, a otro cliente que solo ha comprado en un par de ocasiones, se le puede ofrecer un bono de descuento para una futura compra, a ver si así se anima a realizar alguna.

3.3. Identificación de clientes de alto valor (customer lifetime value, CLV)

Dentro de la segmentación de clientes, es importante identificar a aquellos que son de un alto valor, pues eso permitirá que las estrategias y los desempeños se centren en clientes que realmente aportan beneficio a la empresa.

El *customer lifetime value* (CLV), o valor del ciclo de vida del cliente, es el indicador o valor clave para conocer el beneficio que el cliente aporta a la empresa. Las **consideraciones que el BI tiene en cuenta para calcular el CLV** son:

El historial de compras	- El historial de compras permite conocer los importes de las mismas, por lo que podemos saber si un cliente gasta mucho o poco dinero en nuestros productos y servicios. También permite saber los tipos y las cantidades de productos que adquiere, lo cual nos ayuda a conocer sus necesidades y preferencias. Un cliente de valor es aquel que consume mucho y lo hace, además, en productos calificados de gama alta o media-alta.
El margen de beneficio	- El margen de beneficio está relacionado con la rentabilidad de la compra, es decir, la diferencia entre el precio y el coste del producto. Cuanto mayor sea el beneficio que deja el producto, más rentable será ese cliente. Un cliente de alto valor es aquel que compra productos que nos dejan un alto margen de beneficio.

Continúa en página siguiente >>

<< Viene de página anterior

La frecuencia de compra	- La frecuencia de compra permite conocer con qué periodicidad consume el cliente y, en consecuencia, la fidelización del mismo. Un cliente de alto valor es aquel que compra con mucha frecuencia. - La frecuencia de compra es una consideración para calcular el CLV o el valor del cliente. A priori, los clientes que compran muchas veces, es decir, frecuentemente, son más fieles que los que compran esporádicamente una o muy pocas veces.
La probabilidad de retención	- La probabilidad de retención es la posibilidad u oportunidad de que el cliente compre nuestros productos o servicios y repita dichas compras. Un cliente de alto valor es aquel cuya probabilidad de retención es mayor.

La información del CLV permite las siguientes **acciones** a las empresas:

Identificar a los clientes más rentables
- Identificar a aquellos clientes cuyas compras suponen el menor coste posible y el mayor margen de beneficio. Debemos diseñar estrategias para su fidelización.

Detectar a los clientes con CLV bajo
- Detectar a los clientes cuyo valor es bajo, para poder focalizar campañas y promociones en ellos, y así convertirlos en clientes de alto valor, en el caso de querer retenerlos. Puede suceder que no nos interese retenerlos, y que sea más beneficioso dejarlos marchar, enfocando los recursos en la captación de clientes nuevos.

Predecir el impacto financiero de las campañas
- Estas campañas pueden ser de retención de clientes o de captación de nuevos clientes. El BI nos ayuda a predecir el impacto o resultado que van a provocar dichas campañas.

NOTA

El principio de Pareto, o regla 20/80, dice que el 20 % de las causas provocan el 80 % de las consecuencias. Si la empresa detecta que el 20 % de los productos genera el 80 % de la facturación, puede focalizar sus esfuerzos en la promoción y venta de ese 20 % de productos. Si el 20 % de la clientela nos genera el 80 % de los ingresos, los esfuerzos deben ir enfocados hacia el 20 % de esa clientela.

ACTIVIDAD COMPLEMENTARIA

3. En Papelería Digital están evaluando el valor de sus clientes. Han detectado dos perfiles:

- · Cliente A: ha realizado 10 compras de 100 € cada una a lo largo del año.
- · Cliente B: ha realizado 1 única compra de 1.000 € a lo largo del año.

El departamento de *marketing* duda sobre si ambos han de considerarse igual de valiosos para la empresa.

Ayuda al equipo de *marketing* a decidir el valor de cada cliente y redacta argumentos.

3.4. Uso de BI para diseñar campañas personalizadas y programas de fidelización

La personalización del servicio y el trato al cliente es lo que nos va a diferenciar de la competencia. El BI permite diseñar campañas personalizadas y programas de fidelización al cliente. Al integrar y cruzar datos históricos (pasado) y datos reales (presente o en tiempo real), las empresas pueden diseñar campañas personalizadas con mayor porcentaje de retorno.

Algunos **ejemplos de uso del BI para el diseño de campañas personalizadas y programas de fidelización** son:

⊃ **E-mail marketing segmentado.** Consiste en enviar mensajes personalizados con recomendaciones de productos según el perfil del cliente.

⊃ **Ofertas dinámicas.** Consiste en ajustar los precios en función de la actividad o comportamiento del cliente en el comercio electrónico, es decir, teniendo en cuenta comportamientos como los productos vistos, los carritos o la cesta de la compra abandonados, etc.

⊃ **Programas de fidelización inteligentes.** Consiste en asignar puntos para, posteriormente, ser canjeados por artículos o por descuentos, recompensas como gastos de envío gratis, bonos o tarjetas de descuento, etc., basándonos en su comportamiento y CLV o valor, no solo en las compras anteriormente realizadas.

⊃ **Cross-selling y up-selling.** Consiste en ofrecer recomendaciones en función de los productos que el cliente adquiere. En el caso del *cross-selling* o venta cruzada se trata de ofrecer otros productos complementarios al producto principal que el cliente está adquiriendo. En el caso del *up-selling* o venta mejorada se trata de ofrecer otras gamas superiores del producto que está comprando, con poca diferencia entre los precios de compra.

Cross-Selling   **UpSelling**

El cross- selling o venta cruzada consiste en ofrecer productos complementarios al producto principal; en este caso, las patatas y el refresco para acompañar la hamburguesa. En el up-selling o venta mejorada se ofrece productos de mayor gama por poca diferencia en el precio. En este caso, una hamburguesa doble que no cuesta el doble de precio de la hamburguesa normal.

3.5. Casos de aplicación en distintos sectores

El BI se puede aplicar en empresas de diferentes sectores o actividades. Algunos **ejemplos** son:

⊃ **Retail.** En el comercio y en cadenas minoristas, el BI se utiliza para detectar patrones de compra y así optimizar los productos en tienda, además de evitar que haya rotura de *stock* en el almacén. Por ejemplo, un supermercado detecta que, a principios de mes, cuando la gente suele cobrar las nóminas, hay una mayor cantidad de compras. Por eso, realiza un pedido más grande a finales de mes para que, a principios, dispongan de todos los productos en tienda y en almacén.

- ⊃ **Banca.** Utilizan el BI para detectar posibles impagos, personalizar ofertas de crédito y prever la fuga de clientes. Por ejemplo, una entidad bancaria ha detectado que, una vez finalizado el pago de la hipoteca, los clientes cierran el resto de cuentas y abandonan la entidad. Por ello, están ofreciendo facilidades a todos aquellos que se queden, con la campaña "0 % comisiones", eliminándolas de todo tipo de transacciones.
- ⊃ **Turismo.** Las agencias de viajes, los turoperadores, las cadenas hoteleras y las empresas de transporte utilizan el BI para ajustar los precios dinámicos dependiendo de las visitas a las páginas web por parte de los clientes, previendo las temporadas bajas, medias y altas, y diseñando paquetes personalizados. Por ejemplo, una compañía aérea ofrece un vuelo MAD-LON de solo ida para el día 14/11 a las 12:30 h. Pedro mira en la web hoy por la mañana y obtiene un precio de 57,50 €. Sin embargo, vuelve a realizar la misma búsqueda por la tarde y el precio ha variado a 64,90 €.

4. Resumen

El *business intelligence* se basa en el fundamento básico de que el dato por sí solo no aporta utilidad, pero organizado, analizado y estudiado, sí. Este fundamento consta de las fases de recopilación de datos, análisis de la información, identificación del conocimiento y toma de decisiones.

Por otra parte, no debemos confundir los conceptos de *business intelligence* (relacionado con la estrategia empresarial), *big data* (relacionado con la recopilación de datos) y analítica avanzada o *data science* (relacionada con la investigación de mercado y la predicción futura). Aunque todos ellos realizan todas las funciones, en mayor o menor medida.

El BI tiene un ciclo de vida que consta de las fases de captura de datos, almacenamiento, procesamiento, análisis y visualización.

El *business intelligence* puede ser utilizado por los diferentes perfiles que trabajan en una empresa como, por ejemplo, los directivos y la gerencia, el departamento de *marketing,* el departamento de ventas y el departamento de tecnologías de la información y la comunicación o TIC, entre otros.

El *business intelligence* se diferencia en varios tipos, dependiendo del propósito específico que persiga. Por tanto, los tipos de BI que podemos encontrar son:

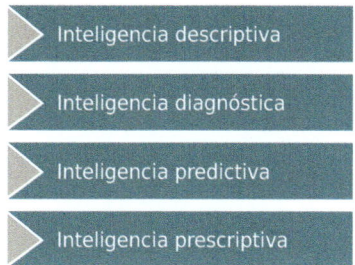

Antes de que existiera el *business intelligence,* los datos se extraían de dos tipos de fuentes:

Sin embargo, en la actualidad los datos se obtienen en tiempo real actualizados.

El BI permite identificar comportamientos y patrones en tiempo real. En consecuencia, la toma de decisiones tiene una visión proactiva con el fin de adelantarse al comportamiento del consumidor. También permite segmentar la demanda de manera inteligente, utilizando variables como la frecuencia de compra, el valor de la misma, la respuesta a promociones anteriores, las preferencias de comunicación y el nivel de satisfacción o *engagement* con la marca.

Otra de las funciones que permite el uso del BI es la identificación de los clientes de alto valor o CLV *(customer lifetime value).* Para ello, se deben tener en cuenta consideraciones como el historial de compra, el margen de beneficio, la frecuencia de la compra y la probabilidad de retención del cliente. Dicho en otras palabras, se debe saber si el cliente es de calidad o no. Este conocimiento del CLV o valor del cliente permite tomar acciones como identificar a los clientes más rentables, detectar a los clientes con un valor bajo y predecir el impacto de las campañas.

El BI permite diseñar campañas personalizadas y programas de fidelización; por ejemplo, mediante el envío de *e-mail marketing* segmentado, las ofertas dinámicas, los programas de fidelización inteligentes, y el *cross-selling* y *up-selling.*

El BI se puede aplicar en todos los sectores o actividades, como son el *retail* o comercio detallista o minorista, la banca o el turismo, entre otros.

Ejercicios de autoevaluación
Unidad de Aprendizaje 3

1. ¿Cuál es el objetivo principal del *business intelligence* (BI)?

   a. Captar nuevos clientes exclusivamente.
   b. Transformar datos en información útil para la toma de decisiones.
   c. Diseñar campañas publicitarias sin datos.
   d. Sustituir al equipo de *marketing.*

2. ¿Qué elemento no forma parte del ciclo de vida del BI?

   a. Captura de datos
   b. Procesamiento y análisis
   c. Visualización de resultados
   d. Diseño de producto

3. Indica si la siguiente oración es verdadera o falsa: "El BI es solo una herramienta informática, no implica procesos ni personas".

   ■ Verdadero
   ■ Falso

4. ¿Qué tipo de inteligencia busca responder a la pregunta "¿qué pasará?"?

   a. Inteligencia descriptiva
   b. Inteligencia diagnóstica
   c. Inteligencia predictiva
   d. Inteligencia prescriptiva

5. ¿Cuál de las siguientes afirmaciones describe mejor el *big data*?

   a. Un *software* de generación de informes
   b. El análisis de grandes volúmenes de datos caracterizados por volumen, velocidad y variedad
   c. La simple recopilación de datos internos de la empresa
   d. La sustitución del CRM

6. **Indica si la siguiente oración es verdadera o falsa: "La inteligencia prescriptiva recomienda acciones concretas basándose en los datos y modelos analizados".**

   - ■ Verdadero
   - ■ Falso

7. **El *customer lifetime value* (CLV) mide:**

   a. El número de clientes que abandonan la empresa.
   b. La rentabilidad acumulada que un cliente aporta durante toda su relación con la empresa.
   c. El precio medio de los productos comprados.
   d. El coste de adquisición de un cliente.

8. **¿Cuál de las siguientes áreas es la que más utiliza BI para segmentación y campañas personalizadas?**

   a. Finanzas
   b. Recursos Humanos
   c. *Marketing*
   d. Logística

9. **Indica si la siguiente oración es verdadera o falsa: "Un cliente que compra con frecuencia, aunque en pequeñas cantidades, puede tener mayor valor a largo plazo que uno que compra una sola vez en gran volumen".**

   - ■ Verdadero
   - ■ Falso

10. **Indica si la siguiente oración es verdadera o falsa: "Los casos de aplicación de BI se limitan a grandes corporaciones, ya que las pymes no pueden beneficiarse de estas tecnologías".**

   - ■ Verdadero
   - ■ Falso

La ubicuidad

Contenido

Objetivos

El objetivo general de esta Unidad de Aprendizaje es:

→ Comprender la importancia de la ubicuidad tecnológica, a través de la movilidad digital y la gamificación móvil en el entorno comercial, analizando sus beneficios, riesgos y posibilidades de aplicación práctica para mejorar la productividad del empleado, la fidelidad del cliente, la motivación y la mejora de calidad de vida.

Los objetivos específicos de esta Unidad de Aprendizaje son:

→ Identificar los conceptos de ubicuidad y movilidad digital, reconociendo cómo influyen en la forma en que las personas acceden, comparten y utilizan la información.

→ Analizar los beneficios y riesgos asociados a la movilidad tecnológica, la inmediatez y la gamificación móvil.

→ Conocer los elementos que conforman la gamificación móvil y su papel en la motivación del usuario.

→ Reflexionar de manera crítica sobre el uso responsable y ético de la gamificación móvil, promoviendo un equilibrio entre la innovación digital y el bienestar del usuario.

1. Introducción

La RAE ofrece dos conceptos de ubicuidad. El primer concepto es: "Dicho principalmente de Dios: Que está presente a un mismo tiempo en todas partes". El segundo concepto es: "Dicho de una persona: Que todo lo quiere presenciar y vive en continuo movimiento".

En el ámbito digital, la ubicuidad se refiere, por una parte, a la omnipresencialidad, es decir, a estar en todas partes, y a la conectividad e inmediatez que exigen los consumidores, es decir, a que lo queremos todo "aquí y ahora".

Gracias a los dispositivos inteligentes, a la conexión a internet y a las aplicaciones, programas o *software,* los usuarios pueden acceder a la información, comunicarse y realizar diversas tareas desde cualquier lugar. Todo esto está ligado a la idea de que la tecnología está siempre disponible para nosotros.

Los dos pilares de la ubicuidad digital son el *mobility,* o movilidad, y la gamificación móvil.

Para hablar de la ubicuidad, vamos a seguir con el caso de Papelería Digital. Esta papelería se dedica a la venta de productos de material escolar y de oficina. Se encuentra en un local de 1.000 m^2, en el centro de una ciudad de unos 100.000 habitantes. Sus vías de venta son la tienda física y la página web. Su clientela son tanto particulares como empresas.

2. *Mobility*

 HILO CONDUCTOR

A Carlos, gerente de Papelería Digital, le gustaría estar en internet en todas partes: página web, perfiles de redes sociales, etc., y que la gente se pudiera conectar y ser atendida 24/7, esto es, las 24 horas del día, los 7 días de la semana. Claro, él pasa muchas horas en la tienda física atendiendo el negocio, y quiere indagar acerca de este concepto de *mobility,* a ver si le puede ayudar a resolver la duda que tiene.

La ubicuidad digital es el concepto de estar en todas partes, y de que el usuario desee acceder desde cualquier parte, en cualquier medio y en el formato que desee.

La movilidad es uno de los pilares de la ubicuidad. Las personas ya no están atadas a un lugar específico para conectarse. Esto es gracias a dos **tipos de dispositivos:**

Dispositivos portátiles	- Son aquellos que se pueden portar o llevar de un sitio a otro. - Ejemplo: dispositivos portátiles son los móviles, *smartphones*, tabletas, ordenadores portátiles o *laptops,* etc.
Dispositivos *wearables*	- También denominados ponibles o vestibles. Son aquellos que el usuario lleva puestos sobre su cuerpo como un complemento o prenda de vestir. - Ejemplo: dispositivos *wearables* son los relojes inteligentes, las gafas inteligentes, etc.

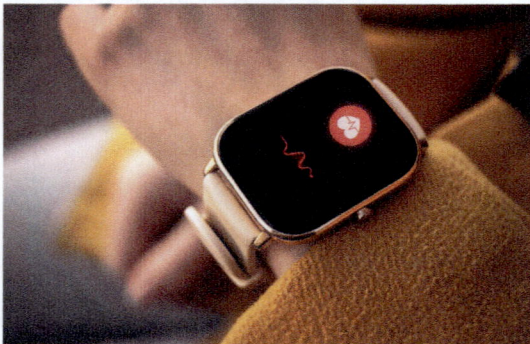

El smartwatch o reloj digital inteligente es un dispositivo wearable que el individuo lleva puesto en su atuendo como complemento. Le permite realizar y recibir llamadas, compartir geolocalización, medir pulsaciones y otros parámetros de ejercicios físico, entre otras funciones.

Este tipo de dispositivos permiten que el usuario se pueda conectar desde cualquier lugar sin que su ubicación dependa de un dispositivo estático — como ocurre con el tradicional ordenador de sobremesa—, que lo pueda hacer en cualquier momento y bajo diferentes formatos de comunicación o interacción.

👁 EJEMPLO

Una persona que está comiendo en un restaurante puede consultar su correo electrónico, hacer una videollamada, escuchar un *podcast* o ver un vídeo en *YouTube*.

- -

El **ordenador personal o PC** *(personal computer)* **ha evolucionado** a lo largo de los años. Hace un par de décadas, encontrábamos ordenadores de sobremesa muy aparatosos, con pantallas de gran profundidad y que ocupaban un gran espacio. Con el tiempo, las pantallas se han vuelto planas y los PC *(personal computer units)* pueden ser incluso más pequeños que un libro. Aun así, en su mayoría, para su funcionamiento necesitan estar enchufadas con cable a la red eléctrica, lo que las convierte en un dispositivo estático.

Por otra parte, **los teléfonos también han evolucionado.** Los primeros teléfonos fijos estaban conectados con cable a la línea telefónica; posteriormente, los teléfonos inalámbricos se podían pasear por un ámbito un poco más amplio, pero no fuera de la oficina o de la vivienda, por problemas de cobertura y porque dependían de un soporte específico en el que recargarse. Finalmente, los móviles actuales se pueden llevar consigo a cualquier parte, aunque las baterías son limitadas y dependen de un cargador para su funcionamiento.

2.1. Redes y conectividad

Actualmente, en España y en los países desarrollados la mayoría de las empresas de telefonía ofrecen **cobertura** telefónica y de internet casi en todas partes, aunque no en el 100 % del territorio. Esta cobertura también ha evolucionado desde el 3G, 4G y, actualmente, 5G o "quinta generación". Significa que tiene mayor velocidad y mayor capacidad para que se conecten más cantidad de dispositivos al mismo tiempo. Este servicio de cobertura que prestan las empresas de telefonía hace posible la ubicuidad digital.

El *mobility* también es posible gracias a la existencia del **wifi.** Este término está inspirado en el término anglosajón *hi-fi (high fidelity),* o alta fidelidad. La palabra wifi proviene del inglés *wireless fidelity* o fidelidad inalámbrica.

 **PARA SABER MÁS**

En siguiente noticia puedes ver como el municipio de Ayamonte renueva su distintivo como destino turístico inteligente.

Accede desde aquí:

https://redirectoronline.com/adgg017po0401

El **wifi,** dependiendo de la propiedad, puede ser de dos **tipos:**

➲ **Público.** El wifi es público si su propietario es una entidad pública, como un ayuntamiento, un patronato, etc. Puede ser utilizado por los propios trabajadores de dichas entidades, pero también se puede poner para uso popular de la ciudadanía. En el segundo caso, no suelen solicitar claves de acceso, sino que es suficiente con conectarse a dicha red wifi. Por ejemplo, los vecinos de un municipio pueden conectarse al wifi de dicha localidad de manera libre y gratuita y, por tanto, utilizar su móvil en la plaza del pueblo sin gastar sus propios datos.

➲ **Privado.** El wifi es privado si sus propietarios son individuos o empresas. En el caso de los individuos, cuentan con una clave de acceso para conectarse. En el caso de las empresas también. Pueden utilizar el wifi para el uso de los empleados y de los trabajadores, o pueden ceder su uso a los clientes. Para ello, generalmente, se les facilita la clave de acceso para que puedan conectarse.

Por ejemplo, un hotel concede el uso del wifi a sus clientes. Cuando estos se registran, el recepcionista les entrega un pequeño flyer con información del hotel y la clave de acceso al wifi.

El *mobility* permite que una persona pueda estar "siempre conectada", desde cualquier lugar y en cualquier momento. Este concepto de "siempre conectado", 24/7 o inmediatez, ha tenido un gran impacto en la sociedad, desde dos puntos de vista (positivo y negativo), aportando sus ventajas e inconvenientes.

Las **ventajas** de la inmediatez son las siguientes:

Acceso instantáneo	- La inmediatez permite el acceso instantáneo a información y servicios en tiempo real. - Ejemplo: en situaciones meteorológicas adversas, se puede consultar el estado de las carreteras. En situaciones de huelga, se pueden consultar los servicios de transporte que están cancelados o que prestan servicio.
Resolución de problemas	- La inmediatez permite tomar decisiones en el momento. - Ejemplo: una persona puede contestar un *e-mail* urgente en el momento, realizar un pago cuyo plazo finaliza hoy, solicitar un pedido, etc.
Aprovechamiento del tiempo	- La inmediatez favorece aprovechar el tiempo muerto o de relax mientras esperamos. - Ejemplo: en la sala de espera de una clínica, el usuario puede revisar su correo electrónico, leer noticias, ver vídeos, estudiar o repasar apuntes, etc.
Mayor agilidad	- La inmediatez permite que la experiencia de consumo del cliente con las empresas sea óptima. - Ejemplo: un cliente compra *online* y recibe la confirmación inmediata del pedido, o realiza una consulta a un *chatbot* y recibe la respuesta en el momento.

Por el contrario, las **desventajas de la inmediatez** son las siguientes:

⊃ **Sobrecarga de información.** La inmediatez provoca que el usuario reciba una sobrecarga de información constante. Llega un punto en el que el usuario está conectado tanto tiempo que recibe mucha información, sin distinguir cuál es verdadera y cuál es falsa. En el argot tecnológico se utiliza el término infoxicación, que hace referencia a esta sobrecarga de información, que puede ser tóxica por no ser cierta parcial o totalmente.

Ejemplo: un trabajador puede sentir la necesidad o la responsabilidad de responder en cualquier momento a un e-mail que recibe fuera de su horario laboral.

- **Dificultad para desconectar.** La inmediatez genera una sensación de que todo es urgente en todo momento, provocando la necesidad de estar todo el tiempo conectado para no perderse nada.

Ejemplo: un usuario está conectado revisando todo el tiempo sus chats de *WhatsApp* y sus redes sociales para no perderse las conversaciones entre amigos, los chistes, los memes, las bromas y las quedadas. Otro ejemplo es el de un trabajador que, aun estando de vacaciones, revisa los *e-mails* del trabajo, por si acaso.

- **Impaciencia.** La inmediatez provoca impaciencia y una menor tolerancia a la espera. El individuo está acostumbrado a la respuesta inmediata y disminuye su capacidad de espera, lo cual se traslada a otros ámbitos de la vida.

Ejemplo: el individuo que está acostumbrado a la inmediatez no tiene paciencia para esperar en la cola de un banco o en la caja de un supermercado, y se enfada y acaba exigiendo más personal en la atención al público.

- **Toma apresurada de decisiones.** La inmediatez nos lleva a tomar decisiones muy rápidas, sin pensar en las consecuencias o sin haber leído completamente toda la información.

Ejemplo: un usuario realiza un pedido sin haber leído que el tiempo de entrega es de 21 días, cuando él necesita recibirlo en las próximas 48 h.

La tecnología presenta una desventaja por la inmediatez, que es la de convertirnos en personas impacientes. Esa impaciencia se traslada a otros ámbitos no tecnológicos, y somos incapaces de esperar nuestro turno, ya que queremos ser atendidos "aquí y ahora", en el momento.

2.2. Aplicaciones móviles y servicios en la nube

Existen distintos tipos de herramientas que habilitan **la movilidad o** *mobility:*

Aplicaciones de comunicación
- Son aquellas aplicaciones cuyo objetivo y función principal es comunicarse entre usuarios. Principalmente son aquellas de mensajería, videollamadas, etc. Ejemplos de este tipo de aplicaciones son *WhatsApp* o *Telegram*, entre otras.

Aplicaciones de productividad
- Son las aplicaciones que permiten al usuario ser más productivo, ayudándole en su organización personal y laboral. Principalmente son aquellas relacionadas con calendarios, notas y gestores de tareas. Ejemplos de este tipo de aplicaciones son *Asana, Trello* o *Evernote*.

Aplicaciones de entretenimiento
- Son aquellas aplicaciones que sirven para entretenerse y pasar tiempo de ocio. Normalmente, están relacionadas con los juegos y el streaming. Ejemplos de estas aplicaciones son *Netflix, Spotify, TikTok*, etc.

Servicios en la nube
- Denominadas en inglés *clouds* (servicios en la nube). Son espacios compartidos o no, donde se guardan documentos y a los que se puede acceder desde cualquier dispositivo con conexión a internet. Algunos ejemplos son *Google Drive, Microsoft OneDrive* o *Dropbox*.

WhatsApp y Telegram son dos de las aplicaciones de comunicación más extendidas y utilizadas a nivel mundial. Permiten chatear o hablar con otros usuarios, online y en tiempo real. Además de compartir mensajes de texto, permiten el envío de fotos, vídeos y documentos.

Gracias a estas herramientas de *mobility* o movilidad, se pueden iniciar tareas en un dispositivo en un momento concreto, y finalizarlas en otro dispositivo en otro momento diferente.

 **EJEMPLO**

Un trabajador inicia un informe en el ordenador de sobremesa de su empresa, y lo finaliza a mediodía desde su móvil en el restaurante donde está comiendo.

2.3. Ámbitos influenciados por el *mobility* o movilidad

El *mobility* ha influido en diferentes ámbitos de la sociedad:

⬤ **Trabajo.** La movilidad ha influido en el trabajo de tal manera que, en la actualidad, en muchos sectores empresariales se admite la modalidad del teletrabajo. El teletrabajo supone grandes ventajas para la productividad en las empresas y para el equilibrio y la conciliación personal. Surgen oficinas híbridas, en las que los empleados pueden alternar el trabajo presencial con el trabajo en remoto desde su casa u otro lugar. También nacen las oficinas o espacios *coworking,* donde diferentes empresas y profesionales trabajan en el mismo espacio físico compartiendo gastos comunes de alquileres, luz, teléfono, etc.
Por ejemplo, tres empleados que están trabajando cada uno desde su casa pueden utilizar los documentos compartidos en una nube digital con empleados que están trabajando en la oficina.
⬤ **Educación.** La movilidad ha influido en el ámbito de la educación, desde el que se ofrecen clases:

   ◑ *Online* asíncronas, en las que el alumnado se conecta cuando quiere sin horario fijo o estipulado.
   ◑ De aula virtual, en las que el alumnado debe conectarse en un horario concreto para asistir a la clase que imparte el docente de manera virtual.
   ◑ Semipresenciales, en las que se combinan sesiones presenciales, sesiones de aula virtual y aprendizaje *online.*

La movilidad en el ámbito educativo ofrece aplicaciones que permiten el aprendizaje en movimiento, como podcasts educativos o apps de idiomas.

Por ejemplo, un estudiante puede estudiar idiomas o repasar apuntes que tiene alojados en una nube digital mientras se desplaza en bus o metro a su casa desde el centro educativo.

- **Vida cotidiana.** La movilidad permite a los ciudadanos realizar diferentes acciones en la vida habitual, como:

  - Realizar compraventas *online*.
  - Realizar pagos y cobros *online,* bien con TPV virtuales, transferencias bancarias, envíos o recibos de *Bizum,* etc.
  - Orientarse en una ciudad u otro espacio gracias a aplicaciones de mapas.
  - Informarse mediante acceso a páginas web, periódicos o revistas digitales, etc.
  - Monitorear la actividad física o deportiva mediante aplicaciones específicas de salud y deporte.

Por ejemplo, una persona puede realizar *online* la compra del supermercado mientras se está desplazando en tren.

El teletrabajo es una modalidad adoptada recientemente por muchas empresas en el mercado laboral.

2.4. Beneficios y riesgos de la movilidad

Además de las ventajas de la inmediatez, el *mobility* o movilidad presenta unos **beneficios** para los usuarios:

Flexibilidad

La movilidad permite conectarse desde cualquier lugar y en cualquier momento.

Ahorro de tiempo

La movilidad y la inmediatez permiten ahorrar tiempo.
La posibilidad de trabajar desde cualquier espacio ahorra tiempo al individuo, al no tener que realizar desplazamientos.
Por otra parte, en el caso de tener que realizar desplazamientos o de tener que esperar en algún sitio, puede aprovechar para cumplir con sus responsabilidades.

Acceso inmediato a la información

La movilidad y la inmediatez permiten resolver problemas de manera rápida, además de proporcionar mayor agilidad a la hora de desempeñar las tareas. Cualquier usuario puede consultar información en línea y, en función de esa información, tomar decisiones como responder mensajes, resolver dudas o solucionar situaciones en el momento.
Se pueden realizar tareas como revisar documentos, o coordinar tareas, aumentando así la productividad.

Posibilidad de conciliación

En el mercado laboral, la movilidad aumenta la conciliación entre la vida laboral y la personal. La persona trabajadora puede adaptar los espacios y los horarios a sus necesidades, mejorando así la calidad de vida y reduciendo el estrés que provoca asistir a un puesto de trabajo tradicional.

Por el lado contrario, la movilidad también presenta unos **riesgos:**

⮞ **Dependencia tecnológica.** La conexión permanente y constante puede generar una idea de estar siempre disponible. Aunque en algunos países se está legislando y regulando la normativa para garantizar la desconexión digital de las personas trabajadoras, la realidad es que muchos usuarios reciben mensajes de chat o correos electrónicos que, aunque no demanden una acción inmediata, interrumpen los momentos de relajación y descanso. También, desde el punto de vista laboral y del ocio, esa dependencia puede afectar a las relaciones personales.

Ejemplo: un individuo está en su tiempo de descanso en casa con amigos, al mismo tiempo que está escuchando notificaciones de la recepción de mensajes.

⊃ **Ciberseguridad.** Es otro de los riesgos que ofrece la movilidad. Conectarse a redes wifi públicas y privadas en cafeterías, aeropuertos, estaciones de tren e incluso plazas de ciudades, o compartir dispositivos, convierte nuestra información en vulnerable, ya que cualquier persona no autorizada podría acceder a dicha información.

Ejemplo: un trabajador administrativo consulta el saldo de la cuenta bancaria de la empresa aprovechando la red wifi de un sitio público. Al introducir las claves, cualquiera podría tener acceso de manera más fácil a esa información.

⊃ **Brecha digital.** Es otro de los riesgos a gestionar. Por una parte, no todas las personas tienen las capacidades o habilidades digitales para manejarse con la tecnología. Por otra parte, no todas las personas, empresas o ciudades tienen la infraestructura telefónica necesaria para conectarse, al no disponer las zonas donde viven o trabajan de cobertura o antenas y no contar con conexiones estables. Este hecho puede generar desigualdades en todos los ámbitos: educativo, laboral y/o social, entre otros.

Ejemplo: un individuo trabaja desde su casa en un pueblo pequeño situado en la falda de una montaña. Apenas hay cobertura por parte de las compañías de telefonía, por lo que, generalmente, la conexión va y viene y, cuando conecta, funciona muy lentamente. Eso impide el envío o el recibo de archivos, ya que no llegan a descargarse de forma completa, y ralentiza su trabajo.

En la actualidad existe una brecha digital intergeneracional. Las personas mayores que proceden del mundo analógico no dominan todos los conocimientos tecnológicos, mientras que los niños y adolescentes han nacido en la era tecnológica y, por el contrario, desconocen el funcionamiento de algunas herramientas analógicas o tradicionales.

ACTIVIDAD COMPLEMENTARIA

4. En Papelería Digital parte del personal trabaja de forma presencial y otra parte lo hace en modalidad remota. El equipo directivo ha detectado que, aunque la movilidad digital ha aumentado la rapidez de respuesta y la flexibilidad, algunos empleados sienten dificultad para desconectar fuera del horario laboral.

Reflexiona sobre si la movilidad digital siempre mejora la productividad o si puede llegar a afectar negativamente el bienestar y equilibrio personal de los trabajadores. Explica el porqué de tus argumentos.

3. Gamificación móvil

 HILO CONDUCTOR

Carlos, el gerente de Papelería Digital, oye en su entorno a gente hablando de puntos, recompensas y premios, como descuentos o regalos, cuando compran *online* o visitan y siguen a páginas web y perfiles de tiendas y comercios. Carlos decide averiguar un poco más acerca de este tema, que le resulta muy interesante para aplicarlo en las herramientas de venta que él ofrece a su público.

La gamificación consiste en aplicar mecánicas de juego en entornos que no son necesariamente lúdicos, aprovechando el *mobility* o la movilidad de los dispositivos, con la finalidad de motivar y fidelizar al cliente o usuario. El objetivo principal es convertir las tareas rutinarias en experiencias atractivas.

 EJEMPLO

Una tienda de deporte ofrece a sus clientes una aplicación de ejercicios físicos. Cada vez que el usuario completa una rutina de ejercicios, recibe una recompensa. Esto motiva a las personas a mantenerse en forma, y a comprar y consumir ropa y artículos deportivos.

La gamificación se puede aplicar en el sector comercial con *apps* que ofrecen desafíos periódicos, como acumular compras de productos sostenibles, novedosos, de fuera de temporada *(outlet)*, etc., a cambio de recibir recompensas que se canjean por descuentos, artículos o muestras, o desbloqueos de funciones conforme avanza el usuario en el juego. La gamificación estrecha y fortalece el vínculo entre la empresa y el consumidor.

Gracias al *mobility* o movilidad, el juego o gamificación está siempre disponible, en cualquier momento y lugar.

3.1. Elementos de la gamificación

Los **elementos de la gamificación** se agrupan en tres **categorías:**

Elementos mecánicos	- Son los elementos básicos o el motor del juego, su esencia. En su mayoría son las reglas del juego. Los más comunes suelen ser la obtención de puntos y/o insignias, el ascenso de niveles, la superación de retos y logros, etc.
Elementos dinámicos	- Son los elementos que proporcionan un entorno o contexto al juego. Habitualmente estos elementos son la narrativa o historia, personajes, progresión o avance (incluso dentro de un mismo nivel), colaboración con otros jugadores, competencia sana contra otros jugadores, etc.
Componentes	- Son elementos que no se encuentran ni en los elementos mecánicos ni en los dinámicos. Son como ingredientes que se introducen para motivar al jugador. Suelen ser avatares para elegir el personaje, diferentes armas para luchar en los combates, etc.

3.2. Tipos de jugadores

Además de los tipos de consumidores que podemos encontrar que adquieran nuestros productos o servicios, entre los usuarios podemos encontrar distintos **tipos de jugadores.** Esta clasificación la realizó Richard Bartle, investigador y diseñador británico de videojuegos:

Asesinos o *killers*	- A este tipo de jugadores les gusta la competencia directa contra otros jugadores. Suelen ser dominantes, les gusta ganar, buscan retos y podrían llegar a comportarse de manera algo agresiva vía *online*.
Exploradores o *explorers*	- A este tipo de jugadores les gusta explorar, investigar, indagar, descubrir y experimentar nuevas sensaciones. Suelen ser jugadores más solitarios, ya que les gusta disfrutar de sus descubrimientos.
Socializadores o *socializers*	- A este tipo de jugadores les gusta conocer gente, unirse a otros jugadores, interactuar y trabajar en grupo, no a modo de competición, sino de colaboración y cooperación. Prefieren la comunidad y por eso les gustan los juegos de rol, en los que cada participante ejerce un papel y una misión diferente en el juego.
Triunfadores o *achievers*	- Este tipo de jugadores se enfocan en conseguir logros, objetivos, recompensas, etc. Les gusta cumplir misiones y completar tareas. Para ellos el mérito es superarse a sí mismos. Les gustan también los juegos de rol y de exploración.

3.3. Aspectos importantes para la selección de elementos

A la hora de diseñar, adquirir o solicitar el diseño de una *app* o programa de gamificación para nuestras herramientas *online,* se deben tener en cuenta los siguientes **aspectos:**

- **Objetivos.** La selección de elementos debe estar orientada a lograr los objetivos de la empresa: aumentar ventas, posicionar la marca, dar a conocer los nuevos productos u ofertas, etc.
- **Público objetivo.** Se debe tener en cuenta al público objetivo o *target* al que se dirige la empresa mediante la actividad gamificada. Para ello, hay que tener en cuenta, además de los factores de consumo de nuestros productos y servicios, factores como la edad, las habilidades tecnológicas y las preferencias. Los elementos deben ser atractivos, desafiantes y adecuados a su edad y nivel de comprensión.

- **Experiencia de juego.** La experiencia del juego debe ser óptima para los objetivos de la empresa, a la vez que satisfactoria para el cliente o usuario. Debemos evitar entrar en grandes dificultades para que el cliente no abandone la experiencia gamificada. Si se ponen retos inalcanzables que, por tanto, no permiten obtener puntos ni avanzar en los niveles, por ejemplo, es posible que el usuario no quiera participar más en la actividad gamificada, y desista de posteriores intentos.
- **Retroalimentación.** Los elementos deben proporcionar comunicación o retroalimentación al jugador o usuario, para que pueda entender las normas o etapas del juego, saber cuáles son sus logros y recompensas obtenidas, etc. En definitiva, que el jugador entienda perfectamente cómo es el juego y conozca su progreso en el mismo.
- **Equilibrio entre juego y proceso de fidelización.** Debe existir un equilibrio entre la actividad gamificada y el proceso que pretende la empresa de fidelización. Si el juego tiene mucho más peso que el proceso de fidelización, es posible que una gran parte de usuarios solo entren a jugar como actividad lúdica, sin pretensión de comprar o crear vínculo con la empresa. Por otra parte, si el proceso de fidelización ejerce mayor peso sobre la actividad gamificada, es posible que el usuario abandone dicha actividad al no percibir el aspecto lúdico de la misma, y solo percibir el aspecto meramente comercial.

 TAREA 5

Papelería Digital está desarrollando una *app* móvil gamificada para motivar a sus clientes a ser más creativos (consumidores de material para manualidades) y más organizados (estudiantes y trabajadores de oficinas). El objetivo es que compren los productos de la papelería. Para ello, la *app* ofrece el uso de sus productos digitales, como plantillas, materiales para colorear, calendarios, agendas, etc.

Papelería Digital lanza dos líneas: una dirigida a menores de 10 años y otra para jóvenes de entre 18-25 años. El equipo de diseño debe seleccionar los elementos de gamificación más adecuados a cada segmento de mercado.

Analiza los aspectos a tener en cuenta y decide qué tipo de elementos se deben incluir en cada línea.

3.4. Beneficios de la gamificación móvil

La gamificación móvil ofrece los siguientes **beneficios:**

Mayor compromiso del usuario	Mejora de hábitos de consumo
- Al introducir elementos de juego en las visitas web o *apps,* se consigue que los usuarios participen de manera más activa durante más tiempo. Lo que antes era una experiencia de compra rutinaria consistente solo en comprar, se convierte en una experiencia entretenida y motivadora, al percibir que todo el proceso de compra (el juego) ha merecido la pena. - **Ejemplo:** una *app* de papelería ofrece una experiencia gamificada, de manera que cada vez que el usuario avanza de nivel consigue un 10 % de descuento, existiendo un máximo de 5 niveles. De esta manera, el usuario que llega hasta el último nivel obtiene un 50 % de descuento en su compra. El premio o la recompensa que ofrece la empresa depende de la habilidad y el esfuerzo del cliente, que se siente motivado a seguir jugando e interactuando en la *app* para, así, obtener buenos precios.	- Al mismo tiempo, se puede "educar" al consumidor mediante la *app* gamificada, incentivando la compra de productos sostenibles, o mostrando técnicas de ahorro para enseñar hábitos de compra responsable. - **Ejemplo:** una *app* recompensa con 10 puntos cada vez que el cliente adquiere un producto que ellos tienen clasificado en su categoría de sostenible.

3.5. Riesgos de la gamificación

Además de los beneficios, la gamificación también implica ciertos **riesgos:**

Fatiga	- Demasiadas notificaciones, alertas o avisos por lanzamiento de nuevos retos o recompensas y otras novedades en la actividad gamificada pueden llegar a cansar al usuario. La experiencia puede resultar ser abrumadora, agobiante y estresante, justo lo contrario de lo que se pretende con una actividad gamificada o juego.
Dependencia	- Si la *app* gamificada está mal diseñada y el usuario solo participa por la obtención de recompensas, cuando estas desaparecen la participación del usuario también. Lo cual indicaría que la relación entre el usuario y la empresa era superficial.
Diseño ético	- La actividad gamificada debe ofrecer una experiencia con el fin de aportar un valor real. No se trata de retener al usuario por retener, sin ofrecerle nada a cambio, u ofrecerle algo desproporcionadamente inferior a su esfuerzo y fidelidad. Tampoco debe incitar a un consumo excesivo y desmesurado, sino a un consumo responsable.

La sobreinformación, la innovación constante y la comunicación permanente pueden cansar al usuario. Esto puede llevarle a la decisión de abandonar la experiencia gamificada.

El futuro de la gamificación móvil viene marcado por la integración de la realidad aumentada, la realidad virtual, la personalización de la experiencia gracias a la inteligencia artificial, etc.

🛠 APLICACIÓN PRÁCTICA

Papelería Digital lanza una *app* móvil gamificada para fidelizar a sus clientes. La *app* propone a los usuarios realizar una serie de retos creativos semanales, como el diseño de un planificador o completar actividades de dibujo digital. Después de completar un reto que requiere mucho tiempo y esfuerzo, el usuario recibe un icono o un mensaje genérico de felicitación.

Ayuda a Carlos, el gerente de Papelería Digital, a señalar cuál de las siguientes afirmaciones describe mejor el problema planteado en la situación.

- **El sistema motiva adecuadamente al usuario, ya que toda recompensa, por pequeña que sea, refuerza su esfuerzo.**
- **El diseño no es ético porque la relación entre el esfuerzo exigido y la recompensa recibida es desproporcionada, lo que puede generar frustración y desconfianza.**
- **El problema está en el tipo de reto y no en la recompensa.**
- **No existe ningún problema, ya que las recompensas son solo simbólicas.**

Solución

La mejor opción es la segunda, ya que las recompensas deben ser proporcionales al esfuerzo desempeñado. De lo contrario, pueden generar frustración, engaño o pérdida de confianza. Debe existir un equilibrio entre el esfuerzo desempeñado y la recompensa recibida. La gamificación debe motivar de manera transparente y positiva para fomentar el consumo y la compra responsable.

---

4. Resumen

La ubicuidad digital se refiere al concepto de estar en todas partes y poder conectarse desde cualquier lugar y en cualquier momento. Esto se logra gracias a la movilidad o *mobility.* Existen dispositivos portátiles y dispositivos *wearables.*

En la actualidad, las compañías de telefonía ofrecen una gran cobertura en la mayoría del territorio español, gracias a la red wifi, que puede ser pública o privada.

La inmediatez para acceder o conectar con la red ofrece unas ventajas:

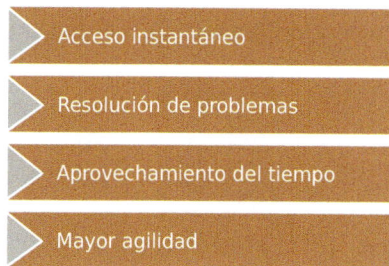

Por el contrario, las desventajas que conlleva son:

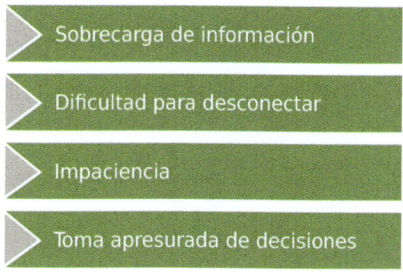

Existen una serie de herramientas que habilitan el *mobility* o movilidad:

- ➲ Las aplicaciones de comunicación
- ➲ Las aplicaciones de productividad
- ➲ Las aplicaciones de entretenimiento
- ➲ Los servicios en la nube

El *mobility* ha influido en ámbitos como el trabajo, la educación o la vida cotidiana.

La movilidad aporta beneficios como la flexibilidad, el ahorro de tiempo, el acceso inmediato a la información y la posibilidad de conciliación. Por el contrario, ofrece riesgos como la dependencia tecnológica, la ciberseguridad y la brecha digital.

La gamificación consiste en aplicar juegos en entornos comerciales *online* para optimizar la experiencia de relación entre la empresa y el cliente o usuario.

La gamificación se compone de elementos mecánicos, elementos dinámicos y componentes. Podemos encontrar diferentes tipos de jugadores, como son los asesinos o *killers*, los exploradores o *explorers*, los socializadores o *socializers* y los triunfadores o *achievers*, cada uno con características distintas.

Asesinos o *killers*	Exploradores o *explorers*	Socializadores o *socializers*	Triunfadores o *achievers*

Hay unos aspectos importantes a tener en cuenta a la hora de seleccionar los elementos de la gamificación, como son los objetivos de la empresa, el público objetivo al que nos dirigimos, la experiencia de juego que ofrecemos, la retroalimentación o comunicación con el usuario y el equilibrio entre el juego y el proceso de fidelización.

La gamificación móvil ofrece beneficios como un mayor compromiso del usuario y la mejora de hábitos de consumo.

Por último, los riesgos de la gamificación son la fatiga, la dependencia y el diseño ético.

Ejercicios de autoevaluación
Unidad de Aprendizaje 4

1. La movilidad digital permite:

  a. Trabajar únicamente desde la oficina.
  b. Acceder a la información y realizar tareas desde distintos lugares y dispositivos.
  c. Acceder únicamente a servicios en la nube empresariales, restringiendo el acceso al ocio.
  d. Aumentar el tiempo de desplazamiento al trabajo.

2. Indica si la siguiente oración es verdadera o falsa: "La ubicuidad se refiere a la posibilidad de acceder a la información y a los servicios digitales 24/7 desde cualquier lugar y dispositivo".

  ■ Verdadero
  ■ Falso

3. Uno de los principales beneficios del *mobility* en el entorno laboral es:

  a. La obligación de estar siempre disponible
  b. La pérdida de control sobre la información
  c. La flexibilidad y el ahorro de tiempo en desplazamientos
  d. La dependencia del dispositivo móvil

4. En el contexto de la gamificación móvil, el concepto de retroalimentación hace referencia a:

  a. El tipo de conexión a internet que usa la aplicación.
  b. La forma en que el sistema informa al usuario sobre su progreso.
  c. El proceso de compra dentro de la aplicación.
  d. La calidad gráfica del entorno del juego.

5. Indica si la siguiente oración es verdadera o falsa: "En la gamificación móvil, todos los usuarios deben recibir las mismas recompensas, sin importar su perfil o nivel de esfuerzo, para mantener la igualdad, ya que lo importante es participar".

- Verdadero
- Falso

6. Desde la perspectiva del diseño ético en la gamificación, un error
común sería:

    a. Proporcionar recompensas justas y proporcionales al esfuerzo.
    b. Utilizar la gamificación para mejorar los hábitos de compra.
    c. Ofrecer recompensas mínimas después de un gran esfuerzo
       por parte del usuario.
    d. Fomentar la autonomía y el progreso personal del jugador.

7. En una *app* dirigida a un mercado infantil, como el de la juguetería, o
las manualidades, etc., el elemento más adecuado sería:

    a. Desafíos de planificación semanal con gráficos estadísticos
    b. Recompensas visuales coloridas, personajes animados y
       actividades cortas
    c. Retos de productividad y panel de rendimiento
    d. Recompensas en forma de acumulación de puntos en pro-
       ductos pagados con tarjeta bancaria

8. Indica si la siguiente oración es verdadera o falsa: "Un diseño ético
en la gamificación pretende mantener la motivación de los usuarios
sin manipularlos ni generar dependencia hacia la aplicación".

- Verdadero
- Falso

9. Uno de los riesgos asociados a la movilidad digital es:

    a. La mejora de la conciliación entre vida laboral y personal
    b. El ahorro de tiempo en las gestiones y tareas diarias
    c. La dependencia tecnológica y la dificultad para desconectar
    d. El acceso inmediato a la información

10. **Indica si la siguiente oración es verdadera o falsa: "La movilidad digital garantiza automáticamente una mayor calidad de vida para todos los usuarios, sin generar riesgos".**

   - ■ Verdadero
   - ■ Falso

Soporte y mantenimiento

Contenido

1. Introducción
2. Introducción al soporte y mantenimiento en entornos TIC
3. Tipos de mantenimiento en sistemas TIC
4. El soporte como herramienta de fidelización
5. Plataformas y canales de soporte
6. Resumen

Objetivos

El objetivo general de esta Unidad de Aprendizaje es:

→ Analizar la importancia del soporte y del mantenimiento en los entornos TIC como sistemas de ayuda de fidelización y acción comercial, CRM, *business intelligence* y plataformas gamificadas.

Los objetivos específicos de esta Unidad de Aprendizaje son:

→ Definir el concepto de soporte y mantenimiento dentro del ciclo de vida de las soluciones TIC.

→ Distinguir los principales tipos de mantenimiento.

→ Valorar el soporte como una herramienta de fidelización.

→ Reconocer las diferentes plataformas y canales de soporte disponibles.

1. Introducción

Las tecnologías de la información y la comunicación son muy útiles para la fidelización del cliente y la ejecución de la acción comercial, sobre todo si aplicamos estrategias de gamificación.

Estas tecnologías —tanto *hardware,* soportes o dispositivos físicos, como *software* o programas y aplicaciones— deben contar con un mantenimiento a lo largo del tiempo para su buena conservación y funcionamiento.

La empresa debe gestionar el mantenimiento de los diferentes tipos de soporte.

Para hablar de soporte y mantenimiento, vamos a continuar con el caso de Papelería Digital, que se dedica a la venta de productos de material escolar y de oficina. Está ubicada en un local de 1.000 m², en el centro de una ciudad de 100.000 habitantes aproximadamente. Dispone como vías de venta de una tienda física y una página web. Su clientela son particulares y empresas.

2. Introducción al soporte y mantenimiento en entornos TIC

 HILO CONDUCTOR

Papelería Digital tiene como canales de venta y comunicación tecnológicos su página web, sus perfiles en redes sociales y canales conversacionales como *WhatsApp* o *Telegram.* Hace tiempo que Carlos, el gerente, instaló todas estas tecnologías. Sin embargo, se agobia cuando aparece alguna avería o contratiempo, y con las actualizaciones o nuevas funciones que ofrecen los programas. Ha decidido indagar acerca del mantenimiento de estos entornos.

Los entornos tecnológicos necesitan mantenimiento para su óptimo funcionamiento. Gracias a estos entornos tecnológicos, las empresas implantan sus estrategias de negocio, de *marketing* y de fidelización, entre otras. Además de la implantación de estrategias, estos entornos deben contar con la capacidad de mantenerse operativos, seguros y alineados con los objetivos de la empresa a largo plazo. Es aquí donde intervienen el soporte y el mantenimiento como pilares fundamentales para garantizar la continuidad, la eficiencia y la evolución de las soluciones TIC.

Las empresas implantan herramientas estratégicas como el CRM, el *business intelligence* y/o la gamificación. Estos entornos tecnológicos donde ubicamos estas herramientas deben ser útiles, actualizados y adaptados a las necesidades cambiantes de los clientes.

2.1. Definición de soporte y mantenimiento dentro del ciclo de vida de las soluciones TIC

Toda solución TIC tiene el siguiente ciclo de vida con sus **fases:**

- **Análisis de necesidades.** Esta fase es la primera antes de decidir qué solución TIC adoptar. Es necesario conocer las necesidades de la empresa cliente para ofrecer una solución TIC que las cubra y que resuelva sus problemas o demandas.
- **Diseño.** Una vez que se conocen las necesidades a cubrir, se diseña una especie de boceto de cómo va a ser dicha solución TIC para el cliente empresa, explicando qué funcionalidades o prestaciones son las que van a resolver sus necesidades.
- **Desarrollo.** Explicado el diseño sobre en qué va a consistir la solución TIC, y aceptado el presupuesto, se procede al desarrollo de dicha solución TIC.
- **Implantación.** Cuando está desarrollado el programa, se implementa en la empresa cliente, es decir, se instala y se ejecuta. Generalmente, se ofrece formación e información sobre su funcionamiento.
  Es la puesta en práctica o ejecución de dicha solución TIC. Es el hecho de llevarlo a cabo. Las ideas o los proyectos piloto no sirven de nada si, realmente, no se aplican en la práctica.
- **Uso.** La empresa cliente comienza a utilizar dicha solución TIC. Aquí, en el manejo de dicha herramienta, es cuando se pueden apreciar errores y fallos, si los hubiera. Se analiza el error y se corrige.
- **Soporte y mantenimiento.** Es el conjunto de acciones enfocadas a evitar, detectar y corregir los errores en los procesos.
- **Actualización.** Cuando se detecta un error, y se encuentra la solución, se debe actualizar el sistema para que se aplique dicha solución. Además, en el área tecnológica todo está en continuo cambio y, por tanto, se necesita actualizar información, enlaces, funciones, etc.
- **Sustitución.** En caso de no ser posible la actualización, en ocasiones porque no existe espacio donde albergarla, se debe sustituir el programa o la herramienta por versiones más modernas y más comprimidas.

El símbolo o botón de actualizar o refrescar permite actualizar los enlaces, la información y los cambios que se han ido produciendo a lo largo de la navegación; por ejemplo, en una página web.

IMPORTANTE

Las primeras fases de análisis de necesidades, diseño, desarrollo e implantación son fases previas en las que la empresa cliente aún no dispone de dicho programa o solución TIC.

Las etapas de uso y utilización, soporte y mantenimiento, y actualización son etapas duraderas en el tiempo, son la esencia de la solución TIC, es lo que la empresa cliente ha contratado y adquirido.

Las etapas de actualización y sustitución son las menos deseadas y solo deben aplicarse en casos estrictamente necesarios.

En la presente unidad, nos vamos a centrar en la etapa de **soporte y mantenimiento.** Estos dos **conceptos** los definimos como:

Soporte

Es el conjunto de acciones referidas al servicio de atención al cliente o a la empresa, asesoramiento, información y formación y resolución de incidencias o consultas con el fin de que el usuario pueda utilizar el sistema de modo eficiente. Podríamos interpretar que es la "salud funcional" del cliente o usuario.

Mantenimiento

Es el conjunto de acciones referidas a la planificación técnica que busca preservar y mejorar la funcionalidad del sistema, el rendimiento y la seguridad del sistema TIC. Para ello, corrige errores, incluye mejoras evolutivas, actualiza el *software*, optimiza el rendimiento y gestiona copias de seguridad, entre otras cosas. Podríamos interpretar que es la "salud técnica" del sistema.

El mantenimiento busca reparar aquellos errores, problemas o incidencias detectadas y conservar el sistema para que no se averíe.

Tanto el soporte como el mantenimiento son herramientas de calidad de mejora continua. Una buena estrategia y gestión de soporte y mantenimiento se anticipa a las necesidades del cliente, evitando errores, ahorrando tiempo en su corrección y evitando la inactividad (en ocasiones necesaria para la corrección). Todo ello genera confianza y la fidelización del cliente.

2.2. Importancia del mantenimiento en sistemas de fidelización, CRM, BI y plataformas gamificadas

En el ámbito empresarial, el CRM centraliza la información acerca del cliente, el *business intelligence* centraliza el conocimiento de los datos, y la gamificación centraliza la relación del cliente con la empresa. Estos sistemas están en constante evolución. Los datos cambian, los dispositivos se actualizan, nacen nuevas necesidades o tendencias comerciales y los clientes esperan experiencias fluidas e inmediatas. De ahí que el soporte y el mantenimiento sean funciones estratégicas y dinámicas. A continuación, vamos a describir **la importancia del mantenimiento en estos sistemas:**

En el CRM
- Aquí el mantenimiento consiste en purificar las bases de datos, actualizar campos y estructuras, integrar con nuevas aplicaciones o revisar los flujos automatizados de ventas y *marketing*. La falta de mantenimiento hace que el CRM pierda precisión y no refleje la realidad comercial de la empresa. Esto puede repercutir en la toma de decisiones y en el trato con el cliente.

Continúa en página siguiente >>

<< Viene de página anterior

En el *business intelligence*
- Aquí el mantenimiento consiste en garantizar la calidad de los datos, la integridad de los informes y la eficacia de los análisis. La no detección de los errores en una fuente de datos puede llevar a conclusiones equivocadas y a una toma de decisiones errónea. El mantenimiento permite incorporar nuevos indicadores de medición y nuevas fuentes de información relevantes.

En la gamificación
- Aquí el mantenimiento debe ser muy dinámico, ya que tiene que responder a la continua interacción de los usuarios. Se deben actualizar niveles, recompensas, misiones, etc. Además, también hay que proteger al usuario frente a posibles fraudes y engaños y mejorar la usabilidad. Una experiencia gamificada sin mantenimiento se convierte en una experiencia sin atractivo, que genera frustración y provoca el abandono de los usuarios, lo cual reduce la fidelización, que es el objetivo principal.

La falta de mantenimiento en la experiencia gamificada puede provocar el aburrimiento y la desmotivación del usuario, desembocando en el abandono del juego.

2.3. El soporte como parte de la experiencia del cliente

Últimamente, las empresas han empezado a incluir el soporte, además de como un servicio técnico, como un elemento más que aporta valor añadido a la experiencia global del cliente.

Cada interacción entre el usuario y el servicio de soporte es una fase más dentro del recorrido del cliente con la marca. Esta interacción se puede dar de diferentes maneras: mediante un *chatbot* o mensajes o conversación robotizada, mediante un correo electrónico, etc. Una experiencia positiva entre el usuario y el servicio de soporte puede crear y reforzar aún más el lazo entre cliente y empresa. Por el contrario, una experiencia negativa entre usuario y soporte puede provocar la pérdida del cliente.

En esta situación, el soporte se convierte en un espacio de contacto emocional y estratégico, ya que su responsabilidad adquiere un papel más relevante.

Las grandes empresas y las empresas líderes en el mercado no esperan a que el cliente o usuario reporte un problema o incidencia. Lo que persiguen es adelantarse a ellos, es decir, exigen un soporte "proactivo", un soporte que detecte patrones de error, ofreciendo asistencia y asesoramiento personalizado, y anticipándose a posibles incidencias mediante sistemas predictivos basados en inteligencia artificial.

 **EJEMPLO**

En una experiencia gamificada, el soporte puede adquirir un perfil lúdico, incorporando niveles o recompensas a aquellos usuarios que reporten errores detectados, o puede ofrecer ayuda mediante avatares interactivos. De este modo, el soporte se integra dentro de la experiencia lúdica, dentro de la narrativa del juego, lo que refuerza la interacción con el usuario.

- -

Además, cualquier error detectado en uno de los sistemas puede retroalimentar a los demás.

 **EJEMPLO**

Un cliente reporta un error en una experiencia gamificada. Este error, consulta o queja puede ser corregido en el CRM o en el BI. Esta retroalimentación mejora esos dos entornos que, en un principio, estaban bien, pero, al ser corregidos, aumentan la optimización de su funcionalidad.

- -

3. Tipos de mantenimiento en sistemas TIC

👉 **HILO CONDUCTOR**

Carlos, el gerente de Papelería Digital, ya ha aprendido los conceptos de soporte y mantenimiento. Sin embargo, le han comentado que existen varios tipos de mantenimiento y decide investigar al respecto, para tomar la decisión de aplicar solo uno o varios de ellos.

- -

El mantenimiento en los sistemas TIC es muy importante para garantizar que las soluciones tecnológicas sean operativas, eficientes y alineadas con los objetivos de la empresa. No se trata de arreglar o corregir lo que falla, sino de adelantarse y prevenir para que no se produzca el error o fallo.

El **proceso de mantenimiento,** si está correctamente planificado, **permite:**

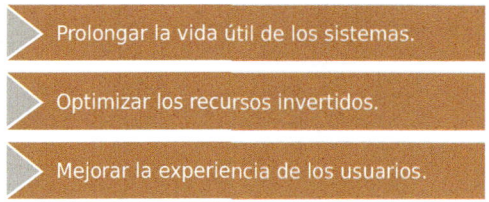

> Prolongar la vida útil de los sistemas.

> Optimizar los recursos invertidos.

> Mejorar la experiencia de los usuarios.

Desde esta perspectiva, las soluciones tecnológicas requieren una atención continua, ya que cualquier interrupción o deterioro en su rendimiento o servicio podría afectar a la relación con el cliente y, en consecuencia, a los resultados comerciales.

El mantenimiento de las soluciones TIC se clasifica en las siguientes categorías, dependiendo de su propósito y del momento del ciclo de vida en que se aplique. Estas **categorías** son:

⊃ **Correctivo.** Su principal propósito es la resolución de errores, fallos o incidencias detectados durante el funcionamiento del sistema, para restablecer dicho funcionamiento lo antes posible. Este mantenimiento es inmediato, reactivo, con carácter de urgencia y requiere procesos bien definidos de atención de incidencias, registro de fallos y priorización de tareas. Los **fallos** más habituales que se suelen detectar son:

- **Fallos técnicos,** como un error en un código o en una base de datos.
- **Fallos de rendimiento,** como lentitud o bloqueos.
- **Fallos funcionales,** como una herramienta o prestación que no responde como se espera y desea.

El mantenimiento correctivo requiere una comunicación eficaz con el usuario para que este se sienta acompañado durante el proceso de resolución de la incidencia.

Por ejemplo, en una experiencia de gamificación, el mantenimiento correctivo puede afrontar un bug que impide que el usuario reciba de manera correcta una recompensa.

- **Preventivo.** Su propósito principal es minimizar las interrupciones y mejorar la fiabilidad de la estructura o sistema tecnológico. Este mantenimiento tiene un enfoque proactivo, ya que debe anticiparse a la aparición de fallos o deterioros del sistema, mediante actualizaciones, revisiones, controles de calidad y pruebas periódicas y frecuentes. Requiere planificación. Las **tareas** que se suelen realizar en la prevención son:

  - Actualización periódica de sistemas operativos
  - Optimización de bases de datos mediante tareas de limpieza, indexación y eliminación de registros obsoletos
  - Copia de seguridad
  - Restauración del sistema
  - Verificación de integridad
  - Revisión de errores para identificar patrones repetitivos o potenciales puntos de fallo

  Por ejemplo, en una plataforma de gamificación, el mantenimiento preventivo puede monitorizar los tiempos de respuesta o comprobar los sistemas de puntuación para evitar comportamientos anómalos.

- **Evolutivo.** Su propósito es la mejora del sistema, la ampliación de las capacidades, funciones y prestaciones del sistema, introducir mejoras funcionales y encontrar soluciones a las nuevas necesidades de la empresa. Este mantenimiento está focalizado en la evolución natural del *software,* igual que avanza la empresa cambiando su estrategia o incorporando nuevas tecnologías. Representa la innovación y la mejora continua, el incremento de la calidad. Consiste en evolucionar o progresar poco a poco sin esperar a que el sistema quede obsoleto para iniciar dicha evolución.

  Por ejemplo, en una experiencia gamificada, el mantenimiento evolutivo trata de incluir nuevas mecánicas del juego y nuevas recompensas para continuar captando la atención y la motivación del usuario.

  El mantenimiento evolutivo debe tener muy en cuenta las tendencias del mercado y las necesidades de los clientes.

◆ **Adaptativo.** Su propósito es ajustar el sistema a los nuevos entornos tecnológicos, legales y de negocio. Garantiza que el *software* siga siendo operativo cumpliendo con los nuevos requisitos. Consiste en adaptar el sistema a nuevas versiones, a regulaciones vigentes como la protección de datos, la interoperabilidad o la compatibilidad, etc.

Por ejemplo, un proveedor de un *software* de facturación, contabilidad y nóminas, como puede ser https://www.sdelsol.com/ con sus marcas Factusol, Contasol y Nominasol, debe adaptar el *software* para que sean compatibles e interoperables, y así exportar e importar datos entre ellos, optimizando el uso de dicho *software* para la empresa que los adquiere.

 APLICACIÓN PRÁCTICA

Papelería Digital ha solicitado a su proveedor de *software* del CRM un servicio anual de mantenimiento. Su proveedor le ha propuesto realizar revisiones anuales para verificar las integraciones con la página web. ¿Qué tipo de mantenimiento están aplicando?

Solución

Se está aplicando el mantenimiento preventivo, que consiste, generalmente, en revisiones periódicas para adelantarse a posibles incidencias, previniendo y anticipándose a errores y fallos.

- -

 TAREA 6

Papelería Digital implementó un programa de fidelización gamificado, hace un año, donde los clientes acumulan puntos por sus compras, pueden completar retos y canjear recompensas. El sistema está conectado a un CRM que registra datos de clientes, historial de compras y *tickets* de soporte. En las últimas semanas, el equipo ha detectado varios problemas que afectan, además, a la satisfacción del cliente:

- Algunos usuarios informan de que los puntos no se actualizan automáticamente después de sus compras *online*.
- Otros no pueden acceder a ciertos retos desde la aplicación móvil.

Continúa en página siguiente >>

<< Viene de página anterior

- El chat de soporte de la web responde con lentitud y a veces se bloquea.
- El equipo de *marketing* de Papelería Digital quiere incorporar nuevas recompensas y mejorar el sistema de notificaciones automáticas.

El departamento TIC debe decidir qué tipo de mantenimiento aplicar y cómo mejorar el servicio de soporte para evitar que los clientes abandonen el programa. ¿Qué tipo de mantenimiento corresponde aplicar en cada uno de los problemas detectados? ¿Qué mejoras en el ámbito de soporte ayudarían a fidelizar a los clientes?

---

4. El soporte como herramienta de fidelización

 HILO CONDUCTOR

Carlos, el gerente de Papelería Digital, cuenta con un soporte técnico del proveedor del *software*. Sin embargo, cuando sus clientes tienen problemas con los entornos digitales, no pueden llamarle a él, sino que deberían llamar al soporte técnico de su propio proveedor. Carlos va a investigar cómo resolver esta situación, pues, a veces, los clientes se encuentran con problemas durante el proceso de compra y debe haber alguien que los pueda ayudar en el entorno digital.

La fidelización del cliente no solo depende de un buen producto o servicio, sino que depende de la experiencia integral que la empresa le ofrece, es decir, la relación que se vincula entre el cliente y la empresa. Desde esta perspectiva, el servicio de soporte se ha convertido en un elemento más dentro de esta experiencia integral, y se convierte en determinante para mantener la satisfacción, la confianza y la lealtad del cliente. Por esta razón, para las empresas, en el ámbito de las soluciones TIC, el soporte adquiere un valor estratégico y adquiere un **papel doble:**

Operativo	- Garantizar la continuidad y el funcionamiento del servicio.
Estratégico	- Consolidar relaciones duraderas y permanentes con los usuarios.

4.1. Cómo un buen soporte mejora la retención y satisfacción del cliente

Las áreas o departamentos de *marketing* y ventas suelen crear las primeras interacciones positivas, mientras que el área o departamento de soporte suele intervenir en momentos de dificultad. Por este motivo, el soporte es uno de los puntos de contacto más sensibles a lo largo de la experiencia del cliente. La respuesta rápida y eficaz de soporte ante la solicitud del cliente tiene un impacto decisivo en la percepción del cliente sobre la marca de la empresa. El soporte crea las siguientes **percepciones** en el usuario:

- ⮑ **Confianza.** El soporte genera confianza si la respuesta es rápida, eficiente, profesional y orientada a la solución que solicita el cliente. Esto genera una sensación de bienestar y acompañamiento por parte de la empresa, lo que resulta muy valioso para la fidelización.
- ⮑ **Retención.** El soporte genera un efecto directo sobre la retención, es decir, el cliente no solo se queda por el producto o servicio base de la compraventa, sino por la calidad de la atención posventa. Un buen soporte reduce la tasa de abandono y aumenta la posibilidad de segundas compras.
- ⮑ **Experiencia positiva.** El soporte proporciona una experiencia positiva que, además de fidelizar al cliente, lo convierte en promotor de la marca, al recomendarla a su entorno o en redes sociales.
- ⮑ **Emociones.** El servicio de soporte actúa en el plano emocional. Cuando un usuario requiere ayuda, está expresando una necesidad, frustración o expectativa. Por eso, se le debe tratar con empatía, con una comunicación clara, y con capacidad de resolución.

El servicio de soporte, al interactuar con el individuo, lo hace en un plano emocional. El usuario puede sentirse desmotivado, preocupado, harto, etc., por una incidencia que se produce una única vez o que se repite en el tiempo. Es de vital importancia que el soporte técnico tenga en cuenta que está tratando con personas.

5. Plataformas y canales de soporte

☞ HILO CONDUCTOR

Los clientes de Papelería Digital interactúan desde diferentes dispositivos y aplicaciones: móviles, ordenadores de sobremesa, portátiles, tabletas, redes sociales, página web, etc. En ocasiones, tienen problemas o incidencias con estos entornos digitales. Carlos, el gerente, va a indagar sobre si estas situaciones las puede resolver el equipo de soporte técnico.

El servicio de soporte ha evolucionado desde la tradicional llamada telefónica a la experiencia integral en un entorno digital multicanal y automatizado. Tal como se mencionó en la unidad referida a la ubicuidad y la movilidad, el usuario debería poder acceder al servicio de soporte desde cualquier dispositivo y en cualquier momento.

Las empresas deben ofrecer canales variados, coherentes y complementarios que se adapten a los hábitos, preferencias y necesidades de los usuarios, pues se trata de ofrecer una experiencia integrada y fluida entre dichos canales.

👁 EJEMPLO

Si una plataforma ofrece venta *online* 24/7, lo más adecuado sería ofrecer un servicio posventa 24/7, para que el usuario pueda ser atendido en el momento en el que le surge la incidencia; de este modo, el proceso de compra no se queda a medias o interrumpido, a riesgo de que el cliente no lo retome con posterioridad.

5.1. Canales tradicionales

Antes de que irrumpiesen en el mercado las plataformas digitales, los **canales tradicionales** del servicio de soporte eran los siguientes:

➲ **Teléfono.** Esta vía es bastante utilizada cuando el cliente busca una respuesta inmediata o el problema o incidencia es muy complejo de explicar y exponer. En esta vía es muy importante el uso de la voz para transmitir empatía y confianza, factores decisivos en las situaciones urgentes y/o de frustración. El soporte telefónico permite mantener un contacto humano directo con clientes que pueden ser estratégicos para la empresa, reforzando así la relación comercial entre usuario y empresa. Este canal implica unos costes algo elevados, ya que requiere líneas telefónicas y personal cualificado para la atención al usuario. Muchas empresas optan por reducir estos costes añadiendo canales digitales, lo que disminuye o descarga el trato directo con el cliente.

Por ejemplo, una empresa ofrece un número de teléfono gratuito, mediante tres líneas. Cada línea es siempre atendida por un agente, en turno de 8 horas para cubrir las 24 h. De este modo, el usuario puede llamar a cualquier hora del día. Este coste, aunque resulta algo elevado, no deja de ser una inversión, ya que el cliente tiene la plena confianza de poder comprar en cualquier momento del día, pues, si algo sucede, sabe que hay un soporte técnico a su disposición.

➲ **Correo electrónico.** Esta vía es muy útil cuando, para exponer y resolver la incidencia, se necesita enviar documentación adjunta y requiere un seguimiento detallado. La ventaja de esta vía es que ofrece trazabilidad o seguimiento, ya que cada interacción queda registrada y esto puede integrarse en el CRM. A su vez, esta trazabilidad permite hacer seguimiento, medir los tiempos de respuesta y analizar la calidad del servicio. La desventaja principal que presenta este medio es la limitación de la inmediatez, ya que los usuarios, que están acostumbrados a la inmediatez y al tiempo real, pueden percibir esta vía como una vía lenta, al no ser las respuestas inmediatas. Por eso es muy importante dar una respuesta lo antes posible. Muchas empresas introducen respuestas automatizadas iniciales o sistemas de clasificación de mensajes mediante inteligencia artificial.

Por ejemplo, una empresa automatiza una respuesta inicial a las incidencias de los clientes mediante el mensaje tipo: "Hemos recibido su consulta. Nuestro servicio de soporte técnico contactará con usted en un plazo no superior a 48 h". De este modo, el cliente ya sabe que el mensaje ha llegado y que contactarán con él en menos de ese plazo de tiempo.

El teléfono es una vía tradicional de comunicación con el soporte técnico. La comunicación verbal es muy relevante en el proceso que se desarrolla a través de este canal, ya que desaparece casi por completo la comunicación no verbal.

Estos canales tradicionales deben combinarse con otras vías omnicanal para ofrecer inmediatez, automatización y personalización.

5.2. Canales digitales

Los canales digitales son aquellos que han aparecido gracias al uso de internet. Precisamente, por todas las ventajas que ofrece internet y el ámbito digital, el cliente espera ser atendido desde cualquier punto y en cualquier momento. Los principales **canales digitales** son:

- *Chatbots.* Son programas diseñados para simular conversaciones sencillas basadas en las preguntas frecuentes de los usuarios. Se integran en sitios web, redes sociales y aplicaciones móviles. Ofrecen servicio 24/7 sin intervención humana. Su principal ventaja es la inmediatez, ya que pueden resolver incidencias simples o redirigir la consulta a un humano, si así lo requiere la situación.
- **Asistentes virtuales.** Es un *chatbot* más evolucionado. Al asistente virtual se le ha unido la inteligencia artificial y un proceso neurolingüístico, por lo que sus conversaciones pueden ser más complejas, al mismo tiempo que resultan más naturales y precisas. Además de ofrecer funciones automatizadas, pueden identificar emociones.
- **Sistema de *tickets.*** También denominado sistema de gestión de incidencias. Este sistema permite registrar, priorizar, asignar y hacer seguimiento de todas las incidencias. Cada *ticket* incluye información sobre el problema en sí, el cliente, el canal de entrada, el nivel de prioridad y las acciones realizadas hasta el cierre del *ticket.* Permite trazabilidad y seguimiento, además de poder integrarlo en el CRM y en el BI.

- **Foros colaborativos.** Son foros o comunidades de usuarios que se ayudan entre sí, comparten experiencias o sugieren mejoras. Esto convierte a los usuarios más participativos en "embajadores" o "expertos" reconocidos y aceptados por la propia comunidad. Descargan de trabajo al servicio de soporte técnico, a la vez que crean fidelidad y pertenencia a la comunidad.
- **Aplicaciones móviles.** En este caso, el soporte técnico ofrece funciones de ayuda directa sin que el usuario tenga que abandonar la aplicación móvil, recibiendo la ayuda en ese mismo entorno.

5.3. Omnicanalidad y experiencia integrada

La multicanalidad consiste en varios canales que funcionan de manera independiente.

 EJEMPLO

Un cliente llama por teléfono, pero esta incidencia no se comparte con otros sistemas o canales.

La omnicanalidad consiste en la interconexión y coordinación de todos los canales, para que el cliente perciba esa experiencia sobre la incidencia como única, coherente y continua. Todos los canales se integran en el CRM y, de esta manera, todo el historial del cliente está disponible para cualquier agente que acceda al mismo. Todo ello reduce la frustración y mejora la percepción de experiencia personalizada.

 EJEMPLO

Un cliente inicia el proceso de una incidencia por teléfono, puede continuarla por *e-mail* y, posteriormente, por un *chatbot*, sin necesidad de repetir la información cada vez que utiliza un canal diferente.

La **omnicanalidad** ofrece los siguientes **beneficios:**

Coherencia	- Todos los canales comparten la misma información, tono y nivel de servicio al usuario.
Continuidad	- El usuario puede retomar la conversación en cualquier momento, desde cualquier dispositivo sin perder el contexto y sin tener que repetir o exponer de nuevo toda la información sobre la incidencia o consulta.
Eficiencia	- Los agentes receptores disponen de toda la información en tiempo real, lo que agiliza la rapidez en sus respuestas.
Trazabilidad	- Se puede realizar un seguimiento.
Análisis	- Se puede analizar el proceso, detectar errores y corregirlos para aumentar la mejora en el servicio.

 ## ACTIVIDAD COMPLEMENTARIA

5. Visualiza el siguiente vídeo denominado "Iberia acelera su transformación digital y mejora resultados con AWS".

Reflexiona sobre si un buen servicio de soporte puede influir tanto o más que el propio producto en la fidelización del cliente. Explica el porqué de tus argumentos.

Accede al vídeo desde aquí:

https://redirectoronline.com/adgg017po0503

6. Resumen

Las soluciones TIC tienen un ciclo de vida con las fases de análisis de necesidades, diseño, desarrollo, implantación, uso, soporte y mantenimiento, actualización y sustitución. Los conceptos de soporte y mantenimiento están relacionados con la conservación y reparación de los errores del sistema.

El mantenimiento es muy importante, ya que, al hablar de soluciones TIC, estamos hablando de sistemas relacionados con la fidelización del cliente, el CRM, el *business intelligence* y las plataformas gamificadas.

El soporte técnico, además de ser un servicio entre la empresa contratante del *software* y la empresa proveedora, es un servicio que se presta directamente al usuario, ya que esta fase entra dentro de la experiencia de compra o consulta que pueda realizar el usuario.

Por otra parte, podemos diferenciar distintos tipos de mantenimiento:

El soporte, como herramienta de fidelización del cliente, juega un doble papel:

El soporte técnico crea una serie de percepciones en el usuario, como son:

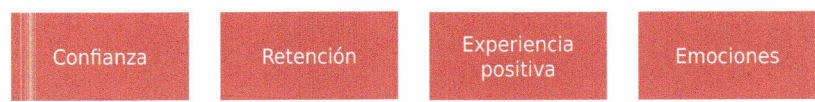

Existen distintos canales de soporte: los tradicionales y los digitales.

Los canales tradicionales son el teléfono y el correo electrónico.

Los canales digitales son:

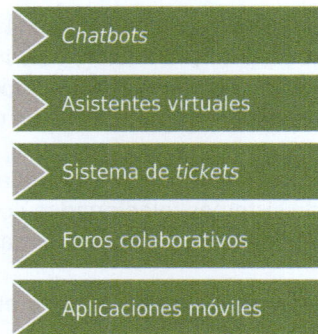

Chatbots

Asistentes virtuales

Sistema de *tickets*

Foros colaborativos

Aplicaciones móviles

Así que, además de ofrecer multicanalidad o varios canales, las empresas deben ofrecer omnicanalidad, es decir, coordinación y relación entre todos los canales. Esto ofrece una serie de beneficios, como son:

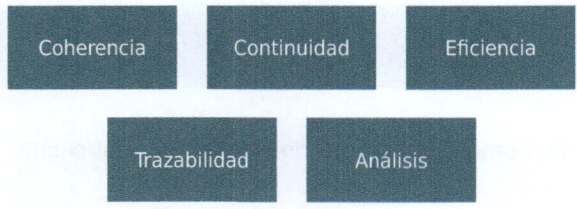

Coherencia

Continuidad

Eficiencia

Trazabilidad

Análisis

Ejercicios de autoevaluación
Unidad de Aprendizaje 5

1. ¿Qué se entiende por mantenimiento correctivo en un sistema TIC?

    a. La incorporación de nuevas funcionalidades
    b. La resolución de errores o fallos ya detectados
    c. La adaptación a cambios legales o normativos
    d. La planificación de actualizaciones periódicas

2. En un CRM, el registro y seguimiento de incidencias de soporte se utiliza principalmente para:

    a. Calcular métricas de conversión de ventas.
    b. Analizar la rentabilidad de productos.
    c. Mejorar la trazabilidad y fidelización del cliente.
    d. Incrementar el tráfico en redes sociales.

3. Indica si la siguiente oración es verdadera o falsa: "El mantenimiento preventivo se centra en corregir errores una vez que el sistema ha fallado".

    ■ Verdadero
    ■ Falso

4. ¿Cuál de los siguientes es un ejemplo de mantenimiento adaptativo?

    a. Corregir un error en la facturación.
    b. Actualizar una aplicación para que funcione con una nueva versión de *Android*.
    c. Incorporar una nueva funcionalidad de recompensas.
    d. Crear un panel de control más intuitivo.

5. ¿Qué caracteriza al mantenimiento evolutivo?

    a. Se realiza antes de que aparezcan los fallos.
    b. Se centra en la seguridad de los datos.
    c. Introduce mejoras o nuevas funcionalidades.
    d. Corrige errores en el código fuente.

6. Indica si la siguiente oración es verdadera o falsa: "La omnicanalidad permite que el cliente reciba soporte de forma integrada por distintos canales (teléfono, chat, *app,* redes sociales)".

   ■ Verdadero
   ■ Falso

7. ¿Cuál de los siguientes canales pertenece a los canales digitales de soporte?

   a. Teléfono
   b. Oficina presencial
   c. *Chatbot* o asistente virtual
   d. Fax

8. En una estrategia de experiencia de cliente, el soporte técnico debe entenderse como:

   a. Un servicio independiente del *marketing*
   b. Una obligación sin impacto en la fidelización
   c. Una herramienta estratégica para la satisfacción del cliente
   d. Un coste operativo prescindible

9. Indica si la siguiente oración es verdadera o falsa: "Un buen soporte posventa puede considerarse una extensión del *marketing* relacional".

   ■ Verdadero
   ■ Falso

10. Indica si la siguiente oración es verdadera o falsa: "La inteligencia artificial no tiene aplicación práctica en los servicios de soporte actuales".

    ■ Verdadero
    ■ Falso

Escucha activa: redes sociales

Contenido

1. Introducción
2. Definición y elementos de la comunicación en el entorno digital
3. Barreras de la comunicación aplicada a las redes sociales y a los entornos tecnológicos
4. Empatía, asertividad y escucha activa en las redes sociales
5. Atención al cliente en las redes sociales
6. La comunicación escrita
7. Resumen

Objetivos

El objetivo general de esta Unidad de Aprendizaje es:

→ Comprender la importancia de la aplicación de la escucha activa en las redes sociales y los entornos digitales.

Los objetivos específicos de esta Unidad de Aprendizaje son:

→ Analizar los elementos fundamentales de la comunicación en las redes sociales.

→ Reconocer las principales barreras de comunicación en redes sociales.

→ Desarrollar habilidades de empatía, asertividad y escucha activa en la interacción digital.

→ Elaborar mensajes escritos claros, precisos y adecuados en redes sociales.

1. Introducción

La comunicación en las redes sociales es igual de importante —o más— que la comunicación presencial, ya que se trata, en la mayoría de los casos, de comunicación escrita donde se pierde la comunicación no verbal y características como el tono, el timbre de voz, etc.

Los elementos, las barreras y las herramientas de la comunicación y la atención al cliente varían un poco en las redes sociales con respecto a la comunicación presencial.

La escucha activa en redes sociales es vital para las tareas de fidelización y acción comercial.

Para hablar de escucha activa, vamos a continuar con el caso de Papelería Digital, empresa focalizada en la venta de productos de material escolar y de oficina, ubicada en un local de 1.000 m², en el centro de una ciudad de 100.000 habitantes aproximadamente. Dispone de tienda física y de página web. Su clientela son particulares y empresas.

2. Definición y elementos de la comunicación en el entorno digital

 HILO CONDUCTOR

A Carlos, el gerente de Papelería Digital, le resulta fácil conectar con su clientela presencial. Es amable, simpático, les dice chascarrillos, es sonriente, va bien arreglado, etc. Sin embargo, con los usuarios de su página web tiene una relación más fría, más impersonal, porque no los ve. Así que Carlos ha decidido averiguar algo más acerca de la comunicación en el entorno digital.

La comunicación es un proceso de intercambio de información, ideas o sentimientos entre dos o más individuos. Este proceso de comunicación se puede producir en el entorno *offline* y/o en el entorno digital. La comunicación puede ser de **tipo:**

Verbal	No verbal
- El instrumento que se utiliza en este tipo de comunicación es el uso de la palabra y el lenguaje. - **Ejemplo:** un ejemplo de comunicación verbal en el entorno digital es un mensaje de audio por *WhatsApp*.	- El instrumento que se utiliza es el de signos no lingüísticos. - **Ejemplo:** un ejemplo de comunicación no verbal en el entorno digital es la reacción a un mensaje mediante emoticonos. El pulgar hacia arriba, un corazón o las manos aplaudiendo indican que al usuario le gusta o está de acuerdo con lo que ha transmitido el mensaje.

Existen dos **tipos de comunicación verbal:**

Oral	- Utiliza el sonido y la palabra hablada, es inmediata en la mayoría de los casos y efímera o poco duradera. - **Ejemplo:** un mensaje oral en el entorno digital se encuentra en la parte auditiva que acompaña a la parte visual de un vídeo.
Escrita	- Utiliza la escritura, es diferida y más duradera en el tiempo. - **Ejemplo:** un post de *Facebook* o en *X*, o un artículo de un blog, son ejemplos de comunicación escrita en el entorno digital.

Por otra parte, existen los siguientes **tipos de comunicación no verbal:**

- ⇒ **Kinésica.** Es la comunicación mediante gestos, posturas y movimientos faciales y corporales. También abarca la comunicación que se transmite con la imagen (manera de vestir, peinados, etc.) y la higiene personal (maquillaje, afeitado facial, etc.).
  Por ejemplo, la comunicación kinésica de usuarios bailando en vídeos cortos o *reels* de *TikTok* transmite emociones y sentimientos de felicidad, alegría y actitud positiva.
- ⇒ **Paralenguaje.** Es la comunicación que se transmite mediante rasgos vocales no verbales, como son el tono, la velocidad del habla o el volumen. También en sonidos como gruñidos, quejidos, lloriqueos, chasquidos con la lengua, etc.

Por ejemplo, generalmente, los creadores de contenidos que hablan sobre temas de yoga, meditación y relajación suelen emplear tonos de voz bajos, y una velocidad lenta, además de una correcta pronunciación para transmitir esas ideas de paz, tranquilidad y calma.

➲ **Proxémica.** También denominada "de proximidad". Es la comunicación que se transmite al hacer uso de la distancia o el espacio en las relaciones con los otros.

Por ejemplo, En el entorno *offline,* la distancia que una persona mantiene con su pareja es mucho menor que la que mantiene un ponente con su audiencia. En el entorno digital, el espacio físico no existe o no es medible, al no saber dónde se encuentra el usuario. Sin embargo, se puede percibir la proximidad mediante la inmediatez. Cuanto antes se contesta a un mensaje, mayor es la sensación de proximidad que percibe la parte que solicita información o ayuda.

➲ **Icónica.** Es la comunicación que se transmite a través de imágenes o símbolos.

Por ejemplo, son ejemplos de comunicación icónica símbolos muy reconocidos, como las señales de tráfico o de prevención de riesgos laborales que indican prohibición, obligatoriedad o recomendación. En el entorno digital, gracias a la gran variedad de emoticonos, los usuarios pueden reforzar los mensajes escritos transmitiendo sentimientos de alegría, tristeza, extrañeza, etc.

 **APLICACIÓN PRÁCTICA**

Carlos, el gerente de Papelería Digital, ha escrito un *post* en el que anuncia que próximamente habrá una promoción de un 40 % de descuento con motivo del Black Friday. El primer usuario en reaccionar lo ha hecho con un emoticono de cara sonriente: ☺. ¿A qué tipo de comunicación no verbal pertenece el envío de un *emoji?*

Solución

El envío de un *emoji* corresponde a la comunicación no verbal icónica, ya que un *emoji* es un icono o imagen. La comunicación kinésica se refiere a los gestos o movimientos; el paralenguaje se refiere a sonidos, tono, velocidad del habla, etc.; y la comunicación proxémica se refiere a la distancia física entre el emisor y el receptor.

La comunicación consta de varios **elementos:**

Emisor	- Es el individuo o la parte que lanza el mensaje o inicia una conversación.
Receptor	- Es la persona o la parte que recibe el mensaje.
Mensaje	- Es lo que se dice, lo que lanza o se transmite.
Canal	- Es el medio que se utiliza para enviar el mensaje.
Código	- Es el lenguaje que ambas partes deben conocer.
Contexto	- Es el entorno y/o el conocimiento de las circunstancias que rodean la situación.
Ruido	- Este elemento puede aparecer en el proceso de comunicación, aunque lo idóneo sería que no apareciese.
Retroalimentación	- Es el instrumento para que el emisor sea consciente de que el receptor ha entendido la información, la idea o el sentimiento que el emisor ha querido transmitir. Es decir, el instrumento para asegurarse de que el receptor ha entendido el mensaje.

3. Barreras de la comunicación aplicada a las redes sociales y a los entornos tecnológicos

 **HILO CONDUCTOR**

Carlos intenta contestar a todos los mensajes que le envían sus clientes web. Son consultas acerca de productos, de cuándo llegará el pedido solicitado, de

Continúa en página siguiente >>

<< Viene de página anterior

que lo recibido no se corresponde con lo esperado, cómo hacer la devolución o cambio, etc. Carlos contesta a todos los mensajes, pero hay algo que no fluye en la comunicación. Así que Carlos ha decidido indagar acerca de las barreras de la comunicación que se puede encontrar en el entorno tecnológico.

En el proceso de comunicación pueden surgir unas barreras o frenos que hacen que dicho proceso no sea fluido, dando lugar a malentendidos o, simplemente, a la no recepción del mensaje.

Las **barreras de la comunicación** pueden ser:

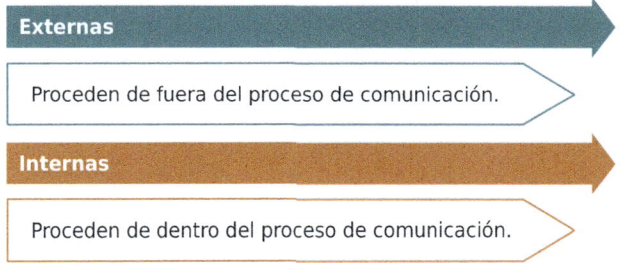

Las **barreras externas** de la comunicación son de distinto tipo:

- **Ruido.** El ruido es un sonido de tono o un volumen elevado. Puede ser prolongado en el tiempo o muy corto. Sea como sea, un ruido en el preciso momento en el que se está dando o recibiendo un mensaje puede ser clave para no percibirlo.
  Ejemplo: el usuario está escuchando un audio de un chat de mensajería cuando, en ese momento, en la vivienda o habitación contigua, alguien utiliza un taladro. Es posible que, aun subiendo el volumen del dispositivo digital al máximo, no escuche bien el mensaje.
- **Distracción visual.** Es el conjunto de imágenes, dinámicas o estáticas, que, por su contenido y/o colorido, distraen al usuario desviando su atención y alejándole del mensaje de la comunicación.
  Ejemplo: un usuario está leyendo un post de un blog, y le saltan *banners* de publicidad sobre otro contenido que no está relacionado con el contenido que está leyendo. El usuario se distrae y pierde el hilo de la lectura, hasta el punto de que se pone a ver los últimos contenidos, abandonando la lectura del *post*.

- **Interrupciones.** La interrupción es la acción de cortar totalmente el proceso de comunicación.
  Ejemplo: en un chat de comentarios de *Facebook* en el que los usuarios comentan un *post* sobre un tema concreto, de pronto, un usuario plantea otro tema o debate y se deja de hablar del tema principal sobre el que trataba el post original del autor.
- **Apariencia del emisor o receptor.** La imagen o apariencia del individuo puede crear prejuicios, positivos o negativos, en la otra parte. De ahí la importancia de mantener una foto o imagen del perfil adecuada, o no poner ninguna.
  Ejemplo: en redes sociales como *LinkedIn* es importante mantener una imagen que proyecte profesionalidad. Por eso se recomienda el uso de fotos tipo carnet o de medio cuerpo, proyectando profesionalidad, y evitar fotos en ámbitos de fiestas o aficiones no relacionadas con el mercado laboral.
- **Gestos del emisor o receptor.** Los gestos son los movimientos que realiza el individuo. Pueden ser desde microgestos faciales, como un ligero movimiento de labios o un cambio de mirada, a toda una postura corporal general, como estar erguido o encorvado. En el entorno digital estos gestos pueden venir representados por los emoticonos que refuerzan los mensajes, de manera parcial o total, transmitiendo un estado emocional.
  Ejemplo: en una red social, una empresa ha publicado una oferta en la que aplican un 70 % de descuento la próxima semana en todos sus productos. La mayoría de los usuarios reaccionan con emoticonos de pulgar hacia arriba, corazones rojos, aplausos y ojitos de chiribitas, lo que indica que dicha oferta es muy bien recibida por el público objetivo.
- **Culturales.** Según la RAE, la cultura es el "conjunto de conocimientos que permite a alguien desarrollar su juicio crítico". Si el emisor y el receptor tienen diferentes culturas, esto es, diferentes costumbres, tradiciones y/o creencias, pueden surgir problemas en la comunicación.
  Ejemplo: una videollamada entre una empresa occidental y una empresa japonesa. Los japoneses contestan sí (hai) de manera constante. Ese sí significa "te escucho" o "te entiendo", pero no implica que estén aceptando o que estén de acuerdo con el mensaje de su interlocutor. Por el contrario, el equipo occidental puede interpretar cada "sí" como una afirmación y aceptación a lo que están exponiendo, dando lugar a un malentendido.

Por otro lado, las **barreras internas de la comunicación** son las siguientes:

- **Estado de ánimo.** El estado de ánimo puede influir en el proceso de comunicación. Cuando el estado de ánimo es positivo, la persona está más receptiva a percibir los mensajes, mientras que si el estado de ánimo es negativo, está menos receptiva. Este estado de ánimo también se puede contagiar a la otra parte, generando que la comunicación fluya o se estanque.

⮩ **Ansiedad.** La ansiedad es un estado emocional preocupante para la persona que lo padece. Dificulta la comunicación porque la persona que lo sufre está centrada en ese estado de ansiedad, descuidando el proceso de comunicación sin escuchar a la otra parte.

⮩ **Pensar en "nuestras cosas".** Otra de las barreras de la comunicación es la invasión de pensamientos intrusivos acerca de otros menesteres, que nos despistan de la comunicación. En esas situaciones, la persona está focalizando sus pensamientos en tareas pendientes u otros pensamientos, sin escuchar lo que el emisor le está diciendo.

⮩ **Mente cerrada.** Esto sucede cuando una de las partes cree tener siempre la razón y no está receptiva a escuchar opiniones, sentimientos o ideas que no concuerden con las suyas.

⮩ **Pereza de escuchar.** Cuando dos partes suelen entablar conversaciones o procesos de comunicación sobre un mismo tema de manera recurrente y repetida, puede resultar cansino iniciar esos procesos de comunicación. A la parte receptora le da pereza o le cansa escuchar siempre lo mismo de la otra persona, y se cierra a escuchar, ya que le provoca pereza estar siempre con el mismo tema.

⮩ **Sentimiento de superioridad o inferioridad.** Cuando una de las partes se cree superior o inferior a la otra, el proceso de comunicación se dificulta. Cuando uno se cree superior, tiende a pensar que lleva razón o que está en posesión de la verdad y el conocimiento. Por otra parte, la parte que se siente inferior se encuentra poco receptiva, ya que, sea cual sea su punto de vista, no va a ser aceptado por la otra parte.

⮩ **Falta de interés.** Cuando una de las partes no siente interés por el tema que se está exponiendo, tiende a perder la atención y a enfocarse en otro asunto.

⮩ **Creencias y actitudes.** Las creencias y actitudes son opiniones y comportamientos arraigados desde la infancia. En el caso de que las creencias y actitudes sean opuestas en ambas partes, surge un problema de comunicación, ya que el ser humano tiende a pensar que sus ideas son las acertadas, porque ha opinado así desde pequeño.

 **VÍDEO**

En el siguiente vídeo, titulado *Barreras de la comunicación: Definición, tipos y ejemplos,* puedes aprender acerca de los tipos de barreras en la comunicación y sobre cómo superar dichas dificultades.

Continúa en página siguiente >>

<< Viene de página anterior

Accede al vídeo desde aquí:

https://redirectoronline.com/adgg017po0601

----

4. Empatía, asertividad y escucha activa en las redes sociales

 HILO CONDUCTOR

Aunque Carlos conoce lo que es la empatía, la asertividad y la escucha activa en la comunicación presencial, no sabe cómo aplicarlas en el entorno digital, más concretamente en las redes sociales. Así que va a aprender algo sobre ello para poder aplicarlas con los usuarios de su web.

Para que exista una buena comunicación, se deben dar las siguientes **condiciones:**

Empatía	- Es la capacidad de ponerse en el lugar de la otra persona.
Asertividad	- Es la capacidad de decir lo que uno quiere realmente decir, sin molestar ni ofender a la otra parte.

Continúa en página siguiente >>

<< Viene de página anterior

| Escucha activa | - Es la capacidad de escuchar verdaderamente a la otra parte. Para ello, se debe prestar plena atención, interés, comprender al interlocutor en la comunicación verbal y no verbal, evitar interrupciones y prejuicios y lograr así una comprensión profunda del mensaje. |

La **escucha activa** presenta una serie de **ventajas,** como:

Ayuda a tener menos miedo de los sentimientos negativos
- La parte que es escuchada se siente comprendida y entendida y, por tanto, pierde el miedo a los sentimientos negativos, ya que la otra parte es receptiva a escucharle.

Ayuda a perder el temor a comunicarse
- En general, por los mismos motivos anteriores, va entablando confianza con la otra parte, se siente más cómoda, se va relajando a lo largo del proceso de comunicación y pierde el temor a comunicarse con el otro.

Facilita que las personas resuelvan sus problemas por sí mismas
- No se trata de aportar o dar las soluciones, sino que se trata de que la otra parte encuentre las soluciones por sí misma.

Los **requisitos** para ejercer la **escucha activa** de manera óptima son los siguientes:

- ➲ **Tiempo.** En las redes sociales y el entorno tecnológico el tiempo es diferido, es decir, aunque la conversación vía chat, foro o correo electrónico se produzca con cierta inmediatez, transcurre más tiempo que en la comunicación presencial. No se debe dar por finalizada la conversación, incidencia o consulta hasta que estemos totalmente seguros de que la situación se ha resuelto.
- ➲ **Aceptar los sentimientos de la otra parte.** Es importante conocer cuáles son los sentimientos del usuario y asumirlos. Un cliente puede estar enfadado a la hora de interponer una queja o reclamación, satisfecho

al conseguir un descuento u oferta, gratamente sorprendido o decepcionado por el cumplimiento o no de las expectativas del producto, etc.

- **Formular las interpretaciones como posibles.** Para conocer esos sentimientos o emociones, es importante formular nuestras interpretaciones como posibles, para que el usuario reconfirme si lo que nosotros hemos entendido es lo que realmente él ha querido transmitirnos. Para ello, se puede usar la técnica del parafraseo, consistente en repetir su mensaje de manera igual o muy similar, para ver si lo hemos entendido realmente.

- **Mostrar interés.** Para ello, se debe preguntar todo aquello que sea necesario, cuantas veces sea necesario, para asegurarnos de que realmente se entiende el mensaje. Además, se formularán otra serie de preguntas para mostrar interés ante el planteamiento de la otra parte, saber si la información demandada ha sido satisfactoria, si la resolución de su incidencia o queja ha sido satisfecha, etc.

La **escucha activa potencia la fidelización y la acción comercial,** ya que el usuario se siente escuchado y comprendido. No solo se trata de escuchar al usuario en cuestión, sino de estar atento a menciones, *hashtags, keywords* o palabras clave que aparecen en otros perfiles sociales de usuarios o incluso en perfiles de la competencia.

Los comentarios de los usuarios en las redes sociales **ayudan a la empresa a mejorar de forma continua.** Se pueden detectar deseos y necesidades no expresadas explícitamente y adelantarse a su cobertura lanzando ofertas y promociones específicas. También se pueden detectar insatisfacciones antes de que se conviertan en quejas o reclamaciones reales y resolverlas antes de que se produzcan.

El consumidor actual también es productor o creador de contenido, convirtiéndose en **prosumidor,** es decir, **productor más consumidor.** Esto es un arma de doble filo. El usuario satisfecho puede convertirse en embajador de la marca hablando bien de ella en sus redes sociales. Sin embargo, el usuario insatisfecho se convierte en *hater* o persona que habla mal, resaltando las malas prestaciones del producto o el mal servicio prestado.

IMPORTANTE

Estos prosumidores pueden crear comunidades de mayor o menor tamaño e influir en ellas.

En la escucha activa hay que tener presentes algunos **aspectos éticos o legales,** como son la privacidad y tratamiento de datos, la transparencia en el uso de la información pública y los límites entre escucha activa y vigilancia o acoso digital.

TAREA 7

Papelería Digital cuenta con su tienda *online*. En su cuenta de *Instagram,* una clienta llamada Mercedes deja el siguiente comentario en una publicación que anuncia nuevas agendas y cuadernos: "Llevo años comprando aquí, pero mi último pedido tardó mucho más de lo habitual en llegar y, además, un bolígrafo llegó con la tinta seca y no lo pude utilizar. Nunca antes me había pasado. ¿Habéis cambiado de proveedor o de empresa de mensajería?".

Aunque no se trata de una queja agresiva, expresa decepción, duda y una preocupación por una posible bajada en la calidad del servicio.

En el ámbito de la fidelización y la acción comercial, ayuda a Carlos, el gerente, a comprender el mensaje. ¿Cómo detectas la emoción de la clienta? Redacta un mensaje aplicando la empatía, la asertividad y la escucha activa, y explicando cada herramienta dentro del mensaje.

- -

5. Atención al cliente en las redes sociales

HILO CONDUCTOR

Carlos lleva muchos años de experiencia en su sector. Sabe cómo gestionar las situaciones difíciles con clientes difíciles. Sin embargo, no sucede lo mismo cuando se trata de los clientes *online*. Va a averiguar cómo gestionar a los clientes descontentos en las redes sociales.

- -

La **atención al cliente** difiere entre la atención presencial y la atención digital. En el momento en que surge un conflicto, bien durante el proceso de compraventa o bien durante una consulta de información, debemos distinguir dos tipos de **reacciones:**

Reacciones activas	Reacciones pasivas
- Son aquellas reacciones en las que el usuario "hace" algo, reacciona activamente de alguna manera.	- Son aquellas en las que el usuario no hace nada, aparentemente.

Dentro de las **reacciones activas,** se encuentran las siguientes:

- **Medios de comunicación o redes sociales.** Algunos usuarios de reacción activa comentan en sus redes sociales las incidencias acaecidas, lo que proyecta mala imagen de la empresa. En el mundo *offline,* esta propagación se realiza boca a boca. Sin embargo, resulta más peligrosa en las redes sociales, ya que los contactos del usuario pueden ser solo personas conocidas o todo tipo de personas. Desconocemos la gestión de privacidad que el usuario hace de sus perfiles en las redes sociales, por lo que un mal comentario acerca de nuestra empresa puede viralizarse con facilidad.
- **Hablar con otros consumidores.** Existen usuarios descontentos que pueden hacer comentarios negativos respecto a nuestra empresa, productos o servicios en comunidades de consumidores que consumen ese mismo tipo de productos o servicios. Lo pueden hacer en la propia comunidad de la empresa, es decir, en los comentarios de nuestra propia red social, o en comunidades externas que consuman los productos o servicios similares a los que ofrecemos. Por ejemplo, *Forocoches* es una comunidad donde se comparte contenido y opiniones acerca del mundo del motor.
- **Hablar con terceras personas.** Algunos usuarios hablan directamente por mensajes privados o aplicaciones de chat con terceras personas, aunque estas no sean consumidoras de los productos o servicios de la empresa. Al hablar con terceras personas, como familiares, amigos o compañeros de trabajo, pueden ser estas quienes luego comenten con otras que sí consumen nuestros productos y servicios.
- **Hablar con la empresa.** Algunos usuarios hablan con la empresa, directamente, mediante los diversos canales que esta ofrezca, con el objetivo primero de que resuelvan la incidencia. Si no queda resuelta, manifiestan su queja directamente a la empresa, pero no lo propagan al resto de individuos.
- **Usuario agresivo.** Existen usuarios que, a la hora de manifestar sus quejas y reclamaciones, lo hacen de manera verbalmente agresiva,

utilizando insultos, faltas de respeto, descalificaciones, intimidaciones, humillaciones o provocaciones hacia la empresa, incluso hacia otros usuarios que opinan y participan.

⮕ **Usuario con declaración falsa o equivocada.** Son usuarios que tenían una información de una fuente externa o desconocida y, por tanto, tenían unas expectativas creadas acerca del producto o servicio que luego no se han correspondido con la realidad. Por ejemplo, es popularmente sabido que hay que dejar las habitaciones de los hoteles antes de las 12 h y, por ello, hay mucha gente que cree que, a la llegada, el hotel debe entregar la habitación a partir de las 12 h, sin tener en cuenta que el departamento de pisos debe contar con un tiempo determinado para limpiar dichas habitaciones. Es por eso que se entregan a partir de las 14 h o 15 h en la mayoría de hoteles.

Sin embargo, otros usuarios tienen **reacciones pasivas,** es decir, no hacen nada respecto a esa incidencia o fallo de la empresa, sino que asumen la situación dada en ese momento. Las reacciones pasivas más habituales son las siguientes:

⮕ **El usuario sufre en silencio sin decir nada.** Esta reacción se da cuando la empresa es un monopolio o se trata de una entidad pública. El usuario no tiene más opciones donde elegir.
Ejemplo: un usuario hace una gestión telemática con la Agencia Tributaria y no queda satisfecho con la gestión o con el servicio de atención al ciudadano. Esa insatisfacción la sufre en silencio y no tiene más remedio que asumir la situación porque no puede ir a otra Agencia Tributaria.

⮕ **El usuario cambia sin decir nada.** En este caso, el usuario asume la insatisfacción sobre el producto o servicio y decide cambiar de empresa. Por tanto, deja de comprar en la empresa A y se convierte en nuevo cliente o usuario de la empresa B.
Ejemplo: un usuario ha comprado tres prendas de ropa en una tienda *online.* En una de ellas no corresponde el tallaje; es decir, la talla 38, que generalmente es la suya, le viene enorme. Otra prenda es de una textura más fina que la que se apreciaba en la imagen. La tercera prenda es varios tonos más oscura que el tono que aparentaba la imagen. Por ello, decide que no va a comprar más ropa en esa tienda, pero sí en otras tiendas *online.*

⮕ **El usuario no vuelve.** En este caso, la insatisfacción del cliente le lleva a decidir que no va a volver a comprar más esos productos.
Ejemplo: un usuario ha adquirido un teléfono móvil *online.* Está muy descontento porque tiene muchos problemas con el dispositivo y el servicio de atención al cliente tarda mucho en contestar y, cuando lo hacen, no resuelven sus consultas. El usuario ha decidido que no vuelve a comprar ningún dispositivo tecnológico de manera *online,* regresando de nuevo a la compra presencial.

Todo este tipo de reacciones pueden perjudicar la **imagen o reputación digital.** Además de buenos contenidos y buenos perfiles en redes sociales, acciones como responder de manera rápida, eficiente y educada construyen la reputación digital.

Se deberían establecer protocolos de respuesta ante situaciones de crisis. Una marca puede verse perjudicada por alguna situación o hecho que haya aparecido en las noticias o en los medios. Ante una posible avalancha de críticas, debería existir un protocolo de llamada a la calma, en el que se explique cómo se va a gestionar dicha crisis para los usuarios, etc. Antes que dejar que cada usuario vaya exponiendo sus comentarios, es recomendable hacer una nota de prensa o un comunicado en redes.

 **NOTA**

El papel de los CRM o *community managers* es vital para una buena comunicación *online*.

 ACTIVIDAD COMPLEMENTARIA

6. Lee el siguiente artículo titulado "Escucha activa en las redes sociales: herramientas para medir la reputación en línea".

   Reflexiona sobre cuál es el objetivo de la escucha activa que consideras más importante cuando una empresa se comunica con sus clientes en redes sociales y por qué.

   Accede al artículo desde aquí:

https://redirectoronline.com/adgg017po0602

6. La comunicación escrita

☞ HILO CONDUCTOR

Carlos, el gerente de Papelería Digital, tiene claro que el mayor porcentaje de comunicación con sus clientes *online* es mediante la comunicación escrita. Va a indagar acerca de la misma para mejorar su habilidad de escritura a la hora de dirigirse a su clientela *online*.

La comunicación escrita en las redes sociales es muy importante, teniendo en cuenta que es la vía más utilizada para dirigirse de manera directa a un usuario, con la finalidad de fidelizarle o de realizar acciones comerciales directas.

No olvidamos que el campo de la comunicación será mucho más amplio si, además, lo extendemos a todos los medios y vías de publicidad, donde se realizan documentos audiovisuales como *podcasts,* vídeos, etc.

Las vías más utilizadas en las redes sociales para dirigirnos a los usuarios son los comentarios públicos, el mensaje directo por la misma red, y el mensaje externo por una aplicación de chat o correo electrónico.

Los usuarios pueden contar con mayor o menor nivel cultural o educativo; por eso, los mensajes deben cumplir con las siguientes **características de la comunicación escrita:**

Estructura sinóptica
- El lenguaje escrito se planifica, no surge sobre la marcha; por tanto, debemos enfocarnos en que sea un mensaje claro, conciso y organizado.

Léxico especializado
- Las palabras deben ser las adecuadas, es decir, precisas y apropiadas.

Gramática estándar
- Las frases deben ser entendidas por cualquier persona que hable ese idioma.

Continúa en página siguiente >>

<< Viene de página anterior

Construcciones gramaticales simples
- Precisamente por ser el lenguaje escrito una comunicación consciente y planificada, se requieren estructuras más simples, pero con vocabulario más concreto para evitar ambigüedades y malentendidos.

Alta densidad léxica
- Se deben utilizar palabras con alto contenido semántico, como sustantivos, adjetivos, verbos y adverbios.

En ocasiones, es necesario enviar un escrito más largo cuando, por ejemplo, contestamos a una reclamación o queja. Para ello, es necesario seguir los siguientes **principios o fundamentos:**

Claridad, sencillez y coherencia

Para ello, se deben numerar u ordenar las ideas, utilizar un vocabulario adecuado y variado, no repetitivo, y usar una ortografía correcta.

Buena presentación del escrito

Para ello, la extensión debe ser adecuada al tipo de escrito y al mensaje que se quiere transmitir, redacción limpia, márgenes adecuados, tamaño y tipo de letra legibles, colores claros en los fondos, etc. Hay que tener en cuenta que existe la posibilidad de que la otra parte desee imprimir el documento, por lo que no se debe olvidar cómo quedaría el formato en papel impreso.

Además, se debe tener en cuenta que hay que escribir con morfología, sintaxis, gramática y ortografía correctas. Para ello, se deben utilizar bien los signos de puntuación, las mayúsculas y minúsculas, abreviaturas y siglas, tiempos verbales y personas gramaticales, etc.

7. Resumen

La comunicación es un proceso en el que dos o más personas intercambian mensajes. Esta comunicación puede ser verbal y no verbal. La comunicación verbal puede ser oral o escrita, mientras que la comunicación no verbal puede ser kinésica, paralenguaje, proxémica o icónica.

La comunicación consta de los siguientes elementos:

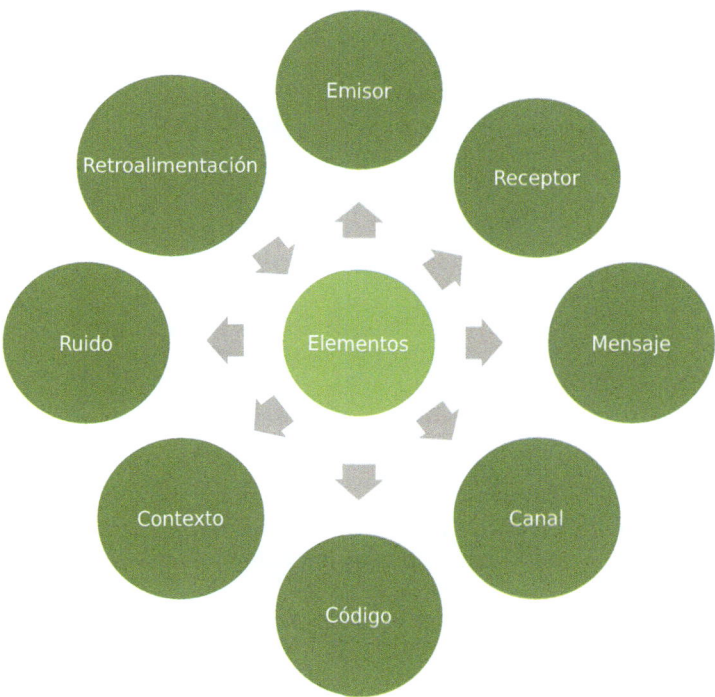

Existen barreras externas e internas que dificultan o impiden la comunicación en redes sociales. Las barreras externas son:

- Ruido
- Distracción visual
- Interrupciones
- Apariencia del emisor o receptor
- Gestos del emisor o receptor
- Culturales

Mientras que las barreras internas son:

- Estado de ánimo
- Ansiedad
- Pensar en "nuestras cosas"
- Mente cerrada
- Pereza de escuchar
- Sentimiento de superioridad o inferioridad
- Falta de interés
- Creencias y actitudes

Las herramientas para realizar una comunicación óptima en las redes sociales son la empatía, la asertividad y la escucha activa. La escucha activa aporta las siguientes **ventajas:**

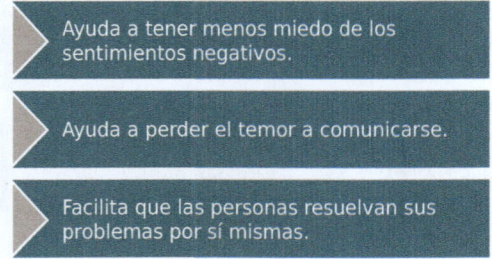

Ayuda a tener menos miedo de los sentimientos negativos.

Ayuda a perder el temor a comunicarse.

Facilita que las personas resuelvan sus problemas por sí mismas.

Para ejercer la escucha activa es imprescindible contar con ciertos requisitos: disponer de tiempo, aceptar los sentimientos de la otra parte, formular las interpretaciones como posibles y mostrar interés.

En la atención al cliente debemos tener en cuenta que, ante conflictos y discrepancias, el usuario puede reaccionar de manera activa o pasiva.

Las reacciones activas son:

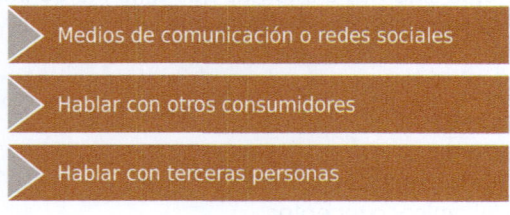

Medios de comunicación o redes sociales

Hablar con otros consumidores

Hablar con terceras personas

Continúa en página siguiente >>

<< Viene de página anterior

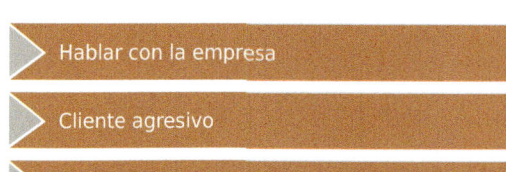

Las reacciones pasivas son aquellas en las que:

- El usuario sufre en silencio sin decir nada.
- El usuario cambia sin decir nada.
- El usuario no vuelve.

La comunicación escrita es la más utilizada en las redes sociales. Se caracteriza por tener una estructura sinóptica, léxico especializado, gramática estándar, construcciones gramaticales simples y alta densidad léxica.

Para escritos largos que no sean un *post* o un comentario, sino una carta de respuesta a un usuario, se deben seguir los siguientes principios o fundamentos:

- Claridad, sencillez y coherencia
- Buena presentación del escrito

Ejercicios de autoevaluación
Unidad de Aprendizaje 6

1. **¿Cuál de los siguientes elementos es fundamental para una comunicación eficaz en el entorno digital?**

   a. La longitud del mensaje
   b. El diseño gráfico de la página
   c. La claridad y coherencia del mensaje
   d. La cantidad de *emojis* utilizados

2. **Una barrera frecuente de la comunicación en redes sociales es:**

   a. El exceso de interacción del cliente
   b. La interpretación literal del lenguaje escrito
   c. La rapidez de conexión
   d. El uso de imágenes

3. **Indica si la siguiente oración es verdadera o falsa: "La ausencia de lenguaje no verbal en redes sociales puede causar malentendidos".**

   ■ Verdadero
   ■ Falso

4. **La escucha activa en redes sociales implica principalmente:**

   a. Comprender, analizar y responder de manera empática y oportuna.
   b. Responder a todos los mensajes con plantilla estándar.
   c. Leer solo los comentarios positivos.
   d. Publicar contenido de forma continua.

5. **¿Cuál de estos elementos caracteriza la comunicación asertiva en entornos digitales?**

   a. Evitar conflictos ignorando los comentarios negativos.
   b. Responder siempre con mensajes largos.
   c. Contestar de manera automática.
   d. Expresar opiniones con respeto y claridad.

6. Indica si la siguiente oración es verdadera o falsa: "La empatía digital consiste en utilizar únicamente frases amables".

- ■ Verdadero
- ■ Falso

7. En la atención al cliente en redes sociales, un indicador clave de calidad es:

    a. El número de publicaciones al día
    b. El tiempo de respuesta
    c. La cantidad de seguidores obtenidos
    d. El número de *hashtags* utilizados

8. Una recomendación básica para una buena comunicación escrita en redes sociales es:

    a. Usar abreviaturas en todos los mensajes.
    b. Emplear lenguaje claro, correcto y adaptado al público.
    c. Redactar párrafos extensos.
    d. Evitar incluir llamadas a la acción.

9. Indica si la siguiente oración es verdadera o falsa: "En la atención al cliente en el entorno digital, la rapidez es más importante que la calidad del mensaje".

- ■ Verdadero
- ■ Falso

10. Indica si la siguiente oración es verdadera o falsa: "Escuchar activamente en redes sociales incluye observar conversaciones donde la empresa no es mencionada directamente".

- ■ Verdadero
- ■ Falso

Glosario

Asertividad
Capacidad de comunicar ideas, límites u opiniones de manera clara y respetuosa sin que la otra parte se sienta molesta, ofendida o dolida, es decir, sin agresividad, pero tampoco con pasividad.

Atención al cliente digital
Conjunto de acciones que una empresa realiza en sus canales *online* para resolver consultas, gestionar incidencias y ofrecer apoyo rápido y personalizado a los clientes.

Barreras de comunicación
Factores que dificultan que el mensaje llegue con claridad al receptor en entornos *offline* y *online,* como la ambigüedad del lenguaje escrito u oral, los malentendidos por la falta de gestos o de vocabulario o el exceso de información.

Big data
Conjunto de datos masivos y de gran volumen, generalmente demasiado grandes, rápidos o variados para ser gestionados con métodos tradicionales. Su estudio o análisis permite descubrir patrones y comportamientos que no serían percibidos de otra manera.

***Business intelligence,* o BI**
Conjunto de procesos, herramientas y metodologías que permiten estudiar, analizar y transformar grandes volúmenes de datos en información útil, clara y accionable para apoyar la toma de decisiones en la empresa.

CLV (*customer lifetime value)*
Indicador que estima el valor económico total que un cliente aportará a lo largo de toda su relación con la empresa (la compra actual, su potencial compra futura y su grado de fidelidad).

Comunicación digital
Proceso mediante el cual personas o empresas intercambian información a través de medios electrónicos, adaptando el mensaje al formato, al canal y al tipo de interacción que permite cada plataforma, aplicación o vía.

Comunicación escrita
Comunicación basada en un texto que debe ser claro, conciso y correcto, principalmente en redes sociales, donde el mensaje se interpreta sin ningún tipo de apoyo visual o auditivo.

CRM (*customer relationship management*)
Gestión de la información relacionada con los clientes, como hábitos de compra, preferencias, tendencias, etc., para poder comprenderlos mejor y así realizar acciones comerciales para satisfacer sus necesidades y deseos.

Diseño ético
Conjunto de decisiones que buscan que la experiencia de juego motive sin manipular, ofreciendo recompensas justas, evitando la dependencia y asegurándose de que las mecánicas de juego respetan al usuario y su bienestar.

Empatía digital
Capacidad de ponerse en el lugar del usuario cuando se comunica en línea, mostrando comprensión y respeto.

Escucha activa
Habilidad de prestar atención real a lo que el usuario expresa en redes sociales y en el entorno digital, interpretando sus palabras, su intención, sus emociones y el contexto.

Fidelización
Acciones pensadas para que un cliente quiera seguir comprando de manera repetida a una empresa frente a otras marcas. Para ello, la experiencia que recibe debe ser positiva, personalizada y consistente.

Gamificación
Uso de mecánicas propias de los juegos —como retos, recompensas o progresos visibles— aplicadas a contextos no lúdicos.

Movilidad digital
Capacidad de realizar tareas, acceder a información o utilizar servicios desde cualquier lugar gracias a dispositivos móviles conectados.

Omnicanalidad

Integración de todos los canales de comunicación de una empresa (teléfono, *e-mail,* chat, web, redes sociales, etc.) para que el cliente pueda moverse entre ellos sin perder información ni tener que repetir su consulta.

Reputación *online*

Percepción que los usuarios tienen de una empresa en el ámbito *online,* formada por sus experiencias, comentarios, valoraciones y la forma en que la marca responde y actúa públicamente.

Retroalimentación

Herramienta de la comunicación que permite al emisor comprobar si el receptor ha recibido e interpretado correctamente el mensaje.

Segmentación inteligente

Proceso de dividir la base de clientes en grupos homogéneos según sus características, hábitos o comportamiento, con el fin de personalizar acciones comerciales y mejorar la efectividad de las campañas. Se considera inteligente cuando esta segmentación se realiza mediante *software* que utiliza algoritmos para detectar estos grupos.

Soporte técnico

Conjunto de acciones y servicios destinados a ayudar al usuario cuando tiene dudas, problemas o incidencias al usar una solución tecnológica, con el objetivo de garantizar el buen funcionamiento de la misma y de que el usuario se sienta acompañado.

Ubicuidad

Idea de que las herramientas y servicios digitales están disponibles en todo momento y en cualquier sitio.

Bibliografía

Textos electrónicos, bases de datos y programas informáticos

→ *Big Data* y *Business Intelligence:* motor de negocios inteligentes, de: <https://blog.powerdata.es/el-valor-de-la-gestion-de-datos/big-data-y-business-intelligence-motor-de-negocios-inteligentes>.

> Este artículo versa sobre la conjunción entre *big data* y *business intelligence*.

→ CRM + que un *software* = gestión con mi cliente, de: <https://www.eoi.es/blogs/scm/2012/04/25/crm-que-un-software-gestion-con-mi-cliente>.

> En este artículo se habla del CRM y de todas las prestaciones que debe presentar con el fin de gestionar la relación con el cliente.

→ Fidelización de clientes: qué es y cómo diseñar un programa efectivo, de: <https://www.iebschool.com/hub/fidelizacion-de-clientes-7-pasos-clave-para-lograrlo-con-exito-marketing-digital/>.

> Este artículo trata sobre el concepto de fidelización del cliente, sus beneficios, sus objetivos, cómo crear un programa de fidelización efectivo y algunos casos de éxito.

→ Gamificación: el aprendizaje divertido, de: <https://www.educativa.com/blog-articulos/gamificacion-el-aprendizaje-divertido/>.

> El artículo describe la gamificación como una técnica positiva y divertida que se puede aplicar en muchos ámbitos.

→ La escucha activa, esencial para fidelizar a los clientes de redes sociales, de: <https://ecommerce-news.es/la-escucha-activa-esencial-fidelizar-los-clientes-redes-sociales/>.

> El artículo trata sobre la importancia de segmentar la información y la necesidad de que la escucha sea en tiempo real.

→ La Evolución del Servicio Técnico: herramientas y estrategias para evitar tiempos de inactividad, de:
<https://solid-bi.es/la-evolucion-del-servicio-tecnico-herramientas-y-estrategias-para-evitar-tiempos-de-inactividad/>.

> El artículo trata sobre el concepto, los tipos, las funciones y la evolución del servicio técnico.

→ Mantenimiento evolutivo para tus clientes, de:
<https://www.yunbitsoftware.com/blog/2017/03/24/mantenimiento-evolutivo/>.

> El artículo trata sobre la importancia de la evolución del servicio de mantenimiento a la par que evoluciona la demanda de la clientela.

→ Movilidad Digital: sostenible, innovadora y eficiente, de:
<https://espanadigital.gob.es/medida/movilidad-digital-sostenible-innovadora-y-eficiente>.

> Esta introducción es una presentación de la importancia de las tecnologías.